LA TENUE DES LIVRES RENDUE FACILE.

LA TENUE DES LIVRES RENDUE FACILE,

OU

NOUVELLE MÉTHODE D'ENSEIGNEMENT,

A l'usage des personnes destinées au Commerce ;

Par EDM.D DÉGRANGE,

Auteur du Nouveau Traité du Change, considéré dans sa nature et ses résultats, Professeur et arbitre en matière de commerce.

Nouvelle Édition, revue, corrigée et augmentée.

A PARIS,
Chez HOCQUART, Libraire, rue Saint-André-des-Arts, n.° 121.

A BORDEAUX,

Chez { L'AUTEUR, place de la Liberté, n.° 11, près la Bourse.
CHAPPUI, Libraire, même maison.
FILIATRE, au Chapeau-Rouge.

DE L'IMPRIMERIE DE BROSSIER ET COMPAGNIE.

AN 10.

AVERTISSEMENT.

Cet ouvrage n'étoit qu'un précis des principes de la tenue des livres en double partie. L'ordre et l'arrangement des livres n'y étoient qu'indiqués.

La manière favorable dont le public l'a accueilli, tel qu'il étoit dans son origine, m'a imposé l'obligation de ne rien changer aux principes que j'avois établis dans les éditions précédentes, et à la méthode que j'y avois développée. Mais j'ai considérablement augmenté le nombre des exemples ; et les articles qui doivent être passés pour chacun, sont réunis en un seul corps à la fin de cet ouvrage, où ils composent le modèle d'un journal, dont les articles sont rapportés sur un grand livre, placé à la suite du précédent.

En donnant ainsi un modèle de journal et de grand livre, j'ai cru devoir déférer aux observations de plusieurs personnes qui habitent des petites villes, où elles ne sont pas à portée de se procurer des modèles. Mais ces livres ne forment pas une compilation incohérente d'articles insignifians comme la plupart de ceux imprimés dans certains ouvrages, les articles qu'ils renferment ne sont, au contraire, que le résultat des explications précédentes.

J'ai traité des comptes de banque en participation, tenus en double colonnes, pour les correspondans français, et étrangers ; des comptes de liquidation de société ou de succession, etc ; en un mot, j'ai fait toutes les augmentations que j'ai cru pouvoir être utiles. Elles sont telles, que l'ouvrage dont la doctrine reste parfaitement la même, et qui n'étoit que de 100 pages, est actuellement de 260, sans qu'il contienne deux articles semblables ou indifférens.

En démontrant que la tenue des livres est de la plus grande facilité dans tous les cas possibles, lorsqu'on sait la réduire à ses vrais principes, et en propageant ces principes, j'aurai peut-être contribué à dissiper les préjugés élevés par l'intérêt personnel de certains routiniers.

Ces manœuvres de l'art ont toujours cherché à persuader aux jeunes gens, que la tenue des livres étoit une science abstraite et très-compliquée, et qu'on ne pouvoit l'apprendre qu'avec beaucoup de temps par la pratique; c'est-à-dire, par le moyen de leur routine, comme s'il étoit possible d'apprendre un art dont on ignore les élémens.

La théorie de la tenue des livres peut être développée dans quelques pages d'impression et peut-être démontrée dans une ou deux leçons, si le maître la connoît bien (*a*).

Cette théorie simple et naturelle, pourroit cependant ne pas laisser des traces assez profondes dans l'esprit des élèves, si on ne la leur faisoit pas mettre en pratique. Toute personne qui veut donc enseigner cette partie avec fruit, est forcée de faire succéder la pratique à la théorie. Elle fait faire un cours complet d'affaires simulées aux élèves, dont ils passent écriture d'eux mêmes, etc. (*b*).

(*a*) Voyez les 12 premières pages de ce traité.

(*b*) Voyez la conclusion de cet ouvrage, après le grand-livre.

Selon la véritable méthode d'enseigner, la pratique succède donc effectivement à la théorie. Mais là où une routine aveugle et machinale ne fait voir qu'une multitude incalculable de cas compliqués et incohérens, la méthode découvre entre ces cas une analogie qui les réduit à un très-petit nombre, en même-temps qu'elle les simplifie; au point de mettre la personne qui enseigne dans l'impuissance d'embarrasser ses élèves (*a*).

A ces observations sur lesquelles j'ai cru qu'il étoit important d'insister, j'en ajouterai quelques autres qui pourront peut-être contribuer à rendre la lecture de ce traité plus utile.

Quelques lecteurs croyent trop souvent accélérer leur instruction, en parcourant rapidement un ouvrage, et souvent même en voulant en voir de suite les dernières parties. Mais comme on ne peut entendre des maximes générales, en franchissant les idées élémentaires ou intermédiaires dont ces maximes ne sont la plupart du temps que le résumé, il arrive qu'on n'entend pas les choses les plus simples dans le corps d'un ouvrage, par la seule raison que l'on a négligé de prêter une assez grande attention à celles qui en composent les commencemens.

La tenue des livres, réduite à ses vrais principes, est d'une extrême facilité; mais il ne faut pas vouloir embrasser

---

(*a*) Mais si le maître ne connoît que la pratique, s'il n'a pas le talent de simplifier la démonstration, l'élève ne voit, dans la tenue des livres, qu'un art très-difficile, très-compliqué, et par dessus toutes choses très-ennuyeux. Il manque rarement de s'en dégoûter.

à-la-fois ses principes et une foule d'objets de détail que le moindre usage fait assez connoître lorsqu'on passe les écritures. Il ne faut, au contraire, s'attacher d'abord qu'à se bien pénétrer de l'essentiel, qui consiste seulement à savoir trouver les débiteurs et les créanciers des divers articles qu'il faut passer au journal.

Pour saisir le principe qui sert à les faire trouver avec la plus grande facilité, il faut se former une idée exacte de l'usage des cinq comptes généraux. Toutes les explications nécessaires pour ces objets, sont contenues dans les douze premières pages qu'il faut bien entendre avant de passer plus loin.

On trouvera à la suite de ces premières pages, différens exemples sur la manière de passer les articles au journal, conformément aux principes déjà établis. Il ne faut passer à la lecture d'un nouvel exemple que quand on a bien compris les précédens. Les cas étant généralisés et combinés par gradation, on sera conduit insensiblement à les résoudre tous avec facilité.

A la suite de ces exemples, on trouvera les explications relatives à la manière de rapporter au grand livre. Il ne faut s'en occuper que lorsque l'on sait bien tout ce qui concerne le journal.

La première partie doit être considérée comme le développement des principes de la tenue des livres, avec leur application à tous les cas du commerce, par le moyen de cinq comptes généraux seulement ; la seconde, comme l'application de ces mêmes principes aux mêmes cas, par le moyen des différentes subdivisions que l'on peut faire des cinq comptes généraux. Les opérations relatives à ces subdivisions ne diffèrent donc des précédentes, que par la diversité des noms que l'on donne aux comptes qui ne sont que des subdivisions des cinq comptes généraux déjà connus.

Pour faire avec la plus grande facilité toutes les opérations relatives aux différens comptes dont il est fait mention dans la seconde partie, il suffira de lire les explications qu'elle renferme sur l'usage de ces mêmes comptes.

Quand on sera suffisamment exercé par la lecture de la première partie, on pourra extraire de l'ouvrage toutes les questions qu'il renferme, et en passer écriture sur un journal, sans voir les raisonnemens contenus dans le livre. On pourra corriger ensuite les fautes, si on en a fait, en voyant ces mêmes articles passés sur le journal placé à la suite de ce traité.

Après avoir rempli une ou deux pages du journal, il faut en rapporter les articles au grand livre; il faut ensuite continuer le journal, en rapporter les nouveaux articles au grand livre, et ainsi de suite.

En observant cette marche, en passant écriture successivement de toutes les opérations proposées pour exemple dans ce traité, on parviendra à connoître la tenue des livres dans tous ses détails; car, il contient un cours complet d'opérations jusqu'à celles relatives à la balance inclusivement; mais, encore un coup, il ne faut opérer que successivement, et ne pas vouloir tout faire, tout voir, ou tout saisir à-la-fois.

En m'efforçant de rendre la tenue des livres facile, et de la mettre à la portée des personnes qui ont l'esprit le moins exercé, j'ai eu en vue de rendre l'usage de tenir des écritures régulières plus général; si une infinité de personnes qui s'exposent à des poursuites rigoureuses, en cas de malheur, ou à éprouver des pertes considérables, faute d'ordre dans leur comptabilité, conçoivent enfin combien il leur seroit aisé d'établir cet ordre, et combien il seroit important qu'elles l'établissent; si les jeunes élèves qui seront formés par le moyen de ce livre, épargnent un temps précieux, j'aurai atteint le but que je me suis proposé.

J'ai remis deux exemplaires de cet ouvrage à la bibliothèque nationale, conformément à la loi. J'en signerai et numéroterai tous les exemplaires, afin que personne ne se croie en droit de le faire réimprimer sans ma permission, et que le public ne soit pas induit à erreur par des contrefacteurs, dont les éditions sont toujours fautives. Enfin, je m'en réserve la propriété exclusive, et je désavoue tout exemplaire qui ne sera pas revêtu de ma signature, à la main.

E. Degrange

N° 755

NOMS ET DEMEURES

De quelques personnes qui ont appris la tenue des livres en double partie, par cette méthode, en moins d'un mois.

Le citoyen Dublanc, commis chez le cit. *R. Meyer*, allées de Tourny.

Le cit. Poirier, actuellement teneur de livres des citoyens *Lurreau* et compagnie, coin de rue S.t-James.

Le cit. Retailleau, *idem*, chez veuve *Troye* et *Girard*, rue des Argentiers, et le citoyen Girard lui-même.

Le cit. Senilles, *idem*, rue de l'Egalité, n.° 36.

Le cit. Rabaud fils, fossés des Salinières.

Le cit. Surget, marchand de vin, aux Chartrons,

Le cit. Plassan fils.

Le cit. Laquerriere, près la Chartreuse.

Le cit. Manpetit.

Le cit. Seguineau, rue Roland.

Le cit. d'Herville, fils du directeur du théâtre Bouffon-Italien, à Paris.

Le cit. Maurin, rue des Mathurins, à Paris.

Le cit. Daubon, à Tarbes.

Le cit. Lano, à Bayonne, etc., etc.

Nota Plusieurs de ces citoyens, qui n'avoient jamais travaillé dans aucun comptoir, ont été placés en qualité de teneurs de livres, au sortir de chez moi.

EXPLICATION

Des mots qu'il faut bien comprendre pour entendre cet ouvrage.

DÉBITEUR, c'est celui qui doit.

DÉBITER quelqu'un, c'est écrire qu'il doit.

DÉBIT ou DOIT. On met ce mot à la page gauche d'un compte, pour indiquer que tous les articles écrits sur cette page, sont dûs par la personne pour laquelle ce compte est ouvert.

LE DÉBIT du compte d'une personne, est composé de tous les articles qu'elle doit.

SOLDE DE COMPTE, c'est ce qui manque au débit d'un compte, pour que ce débit soit égal au crédit; ou ce qui manque au crédit, pour être égal au débit. En d'autres termes, c'est ce qu'une personne doit, ou ce qui lui est dû pour fin, ou pour solde de compte.

Les NOTES écrites sur le journal, dans lesquelles les personnes qui doivent sont débitées, et celles auxquelles il est dû créditées; sont ce qu'on appelle les ARTICLES DU JOURNAL.

CRÉANCIER, c'est celui à qui il est dû.

CRÉDITER quelqu'un, c'est écrire qu'on lui doit.

CRÉDIT ou AVOIR. On met ce mot à la page droite d'un compte pour indiquer que tous articles écrits sur cette page, sont dûs à la personne pour laquelle ce compte est ouvert.

LE CRÉDIT du compte d'une personne, est composé de tous les articles qui lui sont dûs.

SOLDER un compte, c'est en rendre le débit égal au crédit, et réciproquement.

Faire la BALANCE de tous les comptes du grand livre, c'est les solder ou les balancer.

Ecrire au journal la note détaillée d'une opération de commerce, y passer écriture de cette opération, ou y passer l'article relatif, n'est qu'une même chose désignée par des expressions différentes.

ABRÉVIATIONS.

M.^{ses} G.^{les} ou M. G.	Marchandises générales.
C.^{sse} ou C.	Caisse.
L.^{s} et B.^{ts} à R.^{oir}, ou L. et B. à R.	Lettres et billets à recevoir.
L.^{s} et B.^{ts} à payer, L. et B. à P.	Lettres et billets à payer.
P.^{ts} et Pertes, ou P. et P.	Profits et pertes.
P.^{ble} ou P.	Payable.
P.^{n} ou P.	Prochain.
C.^{t} ou C.	Courant.
S. C., M. C., L. C.	Son compte, mon compte, leur compte.
P.^{r} $\frac{o}{o}$ ou P. $\frac{o}{o}$.	Pour cent.
Esc.^{te}.	Escompte.
T.^{x} ou T.	Tonneaux.
M.^{t} ou M.	Montant.
M. B., S. B.	Mon billet, son billet.

OBSERVATION NÉCESSAIRE.

Les numéros qui sont au commencement des alinéas, marquent le rang des articles. Ces mêmes numéros, lorsqu'ils sont placés dans le corps d'un paragraphe, entre deux parenthèses, indiquent les articles qu'il faut revoir pour bien comprendre celui que l'on lit. Par exemple, si on trouve dans le corps de l'ouvrage l'article (100), je veux dire qu'il faut revoir ce que j'ai dit à l'article 100.

TABLE DES MATIÈRES.

PREMIÈRE PARTIE.

SECONDE PARTIE.

FIN DE LA TABLE.

LA

TENUE DES LIVRES RENDUE FACILE.

PREMIÈRE PARTIE.

DE LA TENUE DES LIVRES EN DOUBLE PARTIE.

1. L'ART de tenir des notes exactes et bien ordonnées de toutes les affaires qu'un négociant fait, est ce qu'on appelle *la tenue des livres*, parce que ces notes sont écrites sur différens livres.

2. Les négocians ne sont assujettis, par la loi, en France, qu'à tenir un seul livre, qui doit contenir tout leur négoce (*a*), et sur lequel toutes leurs opé-

(*a*) Voyez l'ordonnance de commerce de 1673, et les projets du nouveau code de commerce.

rations de commerce doivent être écrites d'une même suite, sans aucun blanc ni rature, et par ordre de date, ou jour par jour, à mesure qu'elles ont lieu.

3. La loi ne prescrivant d'ailleurs aucune manière de passer écriture (*a*) des opérations, les négocians pourroient se borner à écrire, pour chacune, une note qui en détailleroit purement et simplement les circonstances importantes, ce qui réduiroit tout l'art des teneurs de livres, à celui de rédiger un journal d'affaires de commerce.

Mais l'objet d'un négociant qui tient ou qui fait tenir des écritures (*b*) régulières de toutes ses opérations de commerce, est moins encore d'obéir à la loi qui lui en prescrit le devoir, sous les peines les plus sévères (*c*), que de connoître lui-même, d'une manière distincte, la quantité de marchandises qu'il achete et vend, l'argent qu'il reçoit et débourse, les lettres de change, billets et contrats qu'il reçoit et donne en payement, ou dont il reçoit et paye le montant, les bénéfices qu'il fait, les pertes qu'il éprouve; et enfin ce que chacune des personnes avec lesquelles il fait des affaires lui doit, ainsi que ce qu'il leur doit lui-même.

Les négocians ont donc adopté une manière de tenir

(*a*) Passer écriture d'une opération de commerce, faite par un négociant, c'est écrire sur les livres de ce négociant, une note détaillée de cette même opération.

(*b*) Tenir les écritures, ou tenir les livres d'un négociant, sont des expressions synonymes dans la langue des teneurs de livres.

(*c*) Voyez l'ordonnance de commerce de 1673, et les projets du nouveau code de commerce.

le livre qui contient tout leur négoce, telle que quoique leurs affaires y soient écrites par ordre de date, et y soient en conséquence mêlées les unes avec les autres, ce qu'ils ont reçu et donné de chaque sorte d'objets dont ils font le commerce, et ce qu'ils ont reçu de chacune des personnes avec lesquelles ils font des affaires, ou ce qu'ils leur ont fourni, y est cependant inscrit de manière à distinguer, au premier coup-d'œil, un objet d'un autre; et ce qui est dû à un particulier de ce qui est dû à un autre, ou de ce qu'il doit lui-même.

4. La manière de passer écriture sur ce livre des opérations de commerce, est elle-même aussi simple que naturelle. Elle consiste seulement à écrire, en caractères demi-gros, au commencement de chaque article (*a*) que l'on y établit, le nom de l'individu ou de l'objet qui doit la somme dont on passe écriture, et celui de l'individu ou de l'objet à qui cette même somme est dûe, en motivant, par le moyen de la formule suivante, que l'un doit à l'autre :

PIERRE DOIT A JEAN; ou, MARCHANDISES DOIVENT A DUPUI, etc.

Ecrire ainsi, qu'une personne doit à un autre, etc. c'est ce que les négocians appèlent débiter le débiteur, et créditer en même-temps le créancier.

5. L'objet de cette méthode est de tenir ensuite sur un livre particulier, un compte par débit et par crédit, tant pour chacune des personnes avec lesquelles un négociant fait des affaires, que pour chacun des divers intérêts de son commerce. Mais ces comptes ne

---

(*a*) *De chaque article*. Voyez l'explication du mot article, placée en tête de cet ouvrage.

s'ouvrent sur ce second livre, que lorsqu'ils sont débités ou crédités sur le premier, dont le second n'est qu'un extrait.

Voici l'ordre des écritures : Pour éviter les erreurs, on écrit, avant tout, les articles sur un premier livre.

On les copie ensuite au net, mot à mot sur le livre que la loi prescrit de tenir.

Ce n'est qu'après ces opérations que l'on ouvre des comptes sur un troisième livre, tant aux personnes qu'aux choses qui sont débitées ou créditées sur les précédens.

Trois registres sont donc nécessaires pour tenir les livres en double partie.

6. Le premier, est celui sur lequel on passe en premier lieu les articles exactement, comme ils doivent l'être au journal sur lequel ils sont ensuite copiés au net, mot à mot. On le nomme *brouillard*, parce qu'il n'est en effet que le brouillon du journal.

7. Le second, qui est la base de tous les autres, qui doit être timbré et paraphé, et qui fait foi en justice, est celui sur lequel on écrit, jour par jour, toutes les affaires que l'on fait, en débitant la personne ou l'objet à qui on doit, et en créditant la personne ou l'objet à qui il est dû, le tout en un même article : on le nomme *journal*.

8. Le troisième, n'est autre chose que l'extrait du second. On y ouvre un compte par débit et par crédit, à chaque individu et à chaque objet qui est débité ou crédité au journal, et on porte au débit ou au crédit de ces comptes, les sommes dont ils sont débités ou crédités au journal. Ce troisième registre est vulgairement nommé *grand livre* ou *extrait*, parce qu'il n'est, comme on le voit, que l'extrait du journal.

9. Il y a encore plusieurs autres livres nommés AUXI-

LIAIRES ou d'AIDE, tels que ceux de caisse, de marchandises, de profits et pertes, le carnet d'échéances, etc. (a); mais ils ne sont tous que des extraits du journal ou des recueils de notes, faits pour soulager la mémoire : leur nombre dépend de la volonté ou de la nature des affaires d'un négociant, et il suffit de les voir une fois, pour être capable de les bien tenir.

10. On doit être déjà convaincu que le journal est la base de tous les autres livres, puisqu'ils n'en sont que des extraits.

Quant au brouillard, il n'est et ne peut être considéré que comme le double du journal, puisque l'on passe les articles sur ces deux livres de la même manière, et que l'on ne tient un brouillard que pour y faire les corrections nécessaires en cas d'erreur, afin que tous les articles puissent être copiés au net au journal, sans courir le risque d'y faire aucune rature, ce qui est expressément défendu par la loi, de même que d'y laisser aucune espace en blanc.

(a) Voyez le compte de caisse, folio 4, du grand livre ; il peut servir de modèle du livre de caisse, parce que ce dernier est tenu de la même manière.

Voyez aussi le compte de marchandises générales, folio 1, du grand livre, et celui de profits et pertes, folio 5, du grand livre.

Voyez à la fin du grand livre, folio 16, le modèle d'un carnet d'échéances.

On tient la plupart de ces livres par débit et par crédit, c'est-à-dire, on écrit sur la page à main gauche du livre de caisse ou de celui de marchandises, etc., l'argent ou les marchandises, etc., que l'on reçoit ; et sur la page à main droite, l'argent ou les marchandises que l'on fournit, et il en est de même des autres livres. Le livre de factures n'est que la copie de celles des marchandises que l'on achete et que l'on vend.

Ce qui sera dit de l'un de ces deux livres, devra donc s'entendre de tous les deux.

DU JOURNAL.

11. On passe écriture sur le journal en partie double de toutes les opérations de commerce, sans exception, en débitant l'individu ou l'objet qui doit la somme dont il s'agit dans chacune de ces opérations, et en créditant, par le même article, l'individu ou l'objet à qui cette somme est dûe.

12. Ainsi la maxime suivante est le principe fondamental de la tenue des livres en partie double : *Chaque article du journal doit contenir le débiteur et le créancier de la somme dont on y passe écriture* (4).

On débite seulement la personne qui doit, en un article, et on crédite celle à laquelle il est dû, en un autre, sur le journal en partie simple. Mais ce qui constitue essentiellement la méthode en partie double, c'est que l'individu ou l'objet qui doit la somme dont on passe écriture, doit être débité, et que celui à qui cette somme est dûe, doit être crédité en un même article; d'où il suit que chacun de ceux que l'on écrit au journal, selon cette méthode, doit renfermer deux articles en un seul; ce qui a fait donner à cette méthode, le nom de *double partie*.

13. Après avoir écrit pour chaque opération la formule par le moyen de laquelle il est établi que tel individu ou tel objet doit à tel autre individu ou à tel autre objet; ou en d'autres termes, après avoir débité le débiteur et crédité le créancier, le reste de chaque ar-

ticle ne doit être que le simple exposé de l'affaire dont on passe écriture.

14. La seule difficulté qu'offre la tenue des livres en double partie, consiste donc uniquement à trouver le débiteur et le créancier des articles que l'on doit passer au journal; c'est-à-dire, à savoir reconnoître quel est l'individu où l'objet qui doit être débité, et quel est celui qui doit être crédité, dans chacun des articles que l'on y écrit.

15. Pour préparer à saisir le principe qui sert à faire trouver le débiteur et le créancier, avec la plus grande facilité, il faut avant tout expliquer l'usage des comptes que chaque négociant ouvre sur ses livres, pour les objets dont il fait le commerce, comme pour les personnes avec lesquelles il fait des affaires.

Le commerce ayant cinq objets principaux, qui lui servent continuellement de moyens d'échange; savoir : 1.° des marchandises quelconques; 2.° de l'argent; 3.° des billets dont on doit recevoir le montant; 4.° des billets dont on doit payer le montant; 5.° des profits et des pertes, on a imaginé d'ouvrir un compte à chaque sorte d'objets en particulier, afin de le débiter ou de le créditer, toutes les fois que l'on reçoit ou que l'on donne des objets de l'espèce pour laquelle ce compte est ouvert; et c'est sur cette invention que l'on a fondé l'art de tenir les livres en double partie. Il en résulte qu'il y a cinq comptes de cette espèce, dont l'usage est indispensable : on les nomme comptes généraux, parce que chacun d'eux est ouvert à une des cinq classes générales d'objets qui servent de moyens d'échange au commerce. Les voici :

1.° Celui de marchandises générales, qui est établi pour être débité de toutes les marchandises que l'on reçoit, et crédité de toutes celles que l'on fournit ou que l'on donne

2.° Celui de caisse, qui est établi pour être débité de tout l'argent que l'on reçoit, et crédité de tout celui que l'on donne.

3.° Celui des billets à recevoir, qui est établi pour être débité de tous les billets de cette espèce que l'on reçoit, et crédité de chacun de ces mêmes billets, lorsqu'on les donne en payement ou qu'on les met dehors.

4.° Celui des billets à payer, qui est établi pour être crédité, toutes les fois que l'on fait et que l'on donne un billet en payement, et pour être débité de chacun de ces mêmes billets, lorsqu'on les reçoit après les avoir acquittés, ou dans quelqu'autre cas que ce soit.

5.° Celui de profits et pertes, qui est établi pour être débité de toutes les pertes que l'on éprouve, et pour être crédité de tous les bénéfices que l'on fait.

Ces comptes représentent le négociant dont on tient les livres, et ne doivent être débités ou crédités que des objets de l'espèce dont chacun d'eux porte le nom, lorsque ce négociant reçoit ou fournit ces mêmes objets. Par ce moyen, chaque sorte d'objets dont il fait le commerce, a un compte particulier, qui présente, dans tous les instans, la totalité de ce qu'il a reçu et de ce qu'il a fourni de cette même sorte d'objets.

16. Sous quel rapport que les envisage celui qui veut tenir ses livres en double partie, il doit se bien pénétrer des règles suivantes, qui n'éprouvent aucune exception.

17. Le compte de MARCHANDISES GÉNÉRALES doit être débité de toutes les marchandises que l'on achete, et crédité de toutes celles que l'on vend.

18. Le compte de CAISSE doit être débité de tout

l'argent que l'on reçoit, et crédité de tout celui que l'on donne.

19. Le compte des BILLETS A RECEVOIR, doit être débité de tous les billets de cette espèce que l'on reçoit, et crédité de chacun de ces mêmes billets, lorsqu'on les donne en payement, ou lorsqu'on les négocie.

20. Le compte des BILLETS A PAYER, doit être crédité de tous les billets que l'on fait en payement, et débité de chacun de ces mêmes billets, lorsqu'on les reçoit en les acquittant, ou dans quelqu'autre cas que ce soit.

21. Le compte des PROFITS ET PERTES, doit être débité de toutes les pertes que l'on éprouve, et crédité de tous les bénéfices que l'on fait.

22. Chacun de ces comptes ne doit être chargé que des objets de l'espèce pour laquelle il est ouvert; par exemple, on ne doit débiter ou créditer le compte de marchandises générales, que quand le négociant dont on tient les livres, reçoit ou fournit des marchandises; et l'on ne doit débiter ou créditer la caisse, que lorsqu'il reçoit ou fournit de l'argent, et ainsi des autres comptes (*a*)

23. Outre les cinq comptes généraux (15), que chaque négociant tient pour les différens objets dont il fait le

---

(*a*) Par ce moyen, le compte de marchandises générales, fait voir dans tous les instans à un négociant, la totalité des marchandises qu'il a reçues et qu'il a fournies; celui de caisse, la totalité de l'argent qu'il a reçu et donné; celui des billets à recevoir, la totalité des billets de cette espèce, qu'il a reçus et donnés; celui des billets à payer, la totalité des billets qu'il a faits en payement, et de ceux qu'il a retirés; et enfin, celui des profits et pertes lui fait voir toutes les pertes qu'il a éprouvées, et tous les bénéfices qu'il a faits.

commerce, il en tient un pour chacune des personnes avec lesquelles il fait des affaires, afin de débiter ou créditer le compte de chacune de ces personnes, toutes les fois qu'elle reçoit ou qu'elle fournit une valeur quelconque. Il en résulte que *la méthode en partie double, établit des comptes pour tous les sujets des opérations commerciales que l'on fait.*

24. Selon cette méthode, on ne peut donc débiter une personne ou l'un des comptes généraux, sans créditer une autre personne ou un des autres comptes généraux; car il est impossible que l'un des individus avec lequel on fait des affaires, reçoive une valeur quelconque, sans qu'elle lui soit fournie par un autre, ou sans qu'on la lui fournisse; et que l'on reçoive soi-même un objet quelconque, sans en donner un de la même valeur en retour, ou sans en devoir la valeur à la personne qui l'a fourni, ou au compte de profits et pertes, lorsque cet objet est le produit d'un bénéfice quelconque (21).

Il est donc évident qu'il ne peut y avoir de débiteur sans créancier; c'est-à-dire, qu'on ne peut débiter une personne ou l'un des comptes généraux, sans créditer une autre personne, ou un des autres comptes généraux.

25. Maintenant qu'il est démontré qu'il ne peut y avoir de débiteur sans créancier, et que chaque article du journal doit contenir l'un et l'autre, il ne reste plus qu'à donner le moyen de trouver le débiteur et le créancier de tous les articles possibles.

26. Observons avant de poser le principe qu'un individu ne peut devoir une somme quelconque, que dans le cas où il en a reçu la valeur: ainsi, un individu qui ne reçoit rien, ne doit rien; mais quand il reçoit un objet, quelqu'il soit, il en doit la valeur.

27. Egalement qu'il ne peut être dû à une personne une somme quelconque, que dans le cas où elle en a fourni la valeur; ainsi, il n'est rien dû à une personne qui ne fournit rien; mais quand elle fournit un objet, quelqu'il soit, la valeur lui en est due.

Voici donc le principe sur lequel tout l'art de la tenue des livres en double partie est fondé :

28. *L'individu qui reçoit, ou le compte de l'objet que l'on reçoit, doit être débité; et l'individu qui fournit, ou le compte de l'objet que l'on fournit, doit être crédité.*

29. Lorsqu'on veut passer un article quelconque au journal, il ne faut donc qu'examiner quel est l'individu qui reçoit la somme dont il s'agit de passer écriture, afin de l'en débiter; et quel est celui qui fournit cette même somme, afin de l'en créditer; ou qu'examiner quel est l'objet que l'on reçoit, ou que l'on fournit soi-même, afin de débiter ou de créditer le compte ouvert à cette sorte d'objets.

Le débiteur et le créancier ou les débiteurs et les créanciers d'un article, étant une fois débités et crédités, le reste ne doit plus être qu'une explication pure et simple, de l'affaire dont on passe écriture.

EXEMPLES
DE LA MANIÈRE DE PASSER ÉCRITURE
DES ACHATS ET VENTES
EN GÉNÉRAL,
ET MODÈLE DU MÉMORIAL. (a).

Premier Vendémiaire an 10.

30. J'AI acheté 10 tonneaux vin rouge, à Pierre, à 300 fr. le tonneau, payable dans le courant........ 3000 fr.

[Dans cet exemple, je vois que je reçois les marchandises que j'achete, donc, que le compte de marchandises générales doit être débité (17), et je vois que Pierre me les fournit; donc, il doit en être crédité (28), je passe alors l'article au journal comme suit:]

MARCHANDISES GÉNÉRALES DOIVENT A PIERRE, 3000 fr. pour 10 tonneaux vin rouge de Médoc, qu'il m'a vendus à 300 francs le tonneau, payable à 3 mois........................... 3000 fr.

(a) Toutes les affaires qui vont être détaillées et proposées pour exemple, composeroient une livre que certains négocians tiennent, et qu'ils appèlent mémorial, et pourroient servir de modèle de ce livre, si les raisonnemens ajoutés à chaque article, ne s'y trouvoient pas. Supprimez donc ces raisonnemens, et vous aurez le modèle du livre appelé mémorial, sur lequel certains négocians écrivent une note détaillée de toutes leurs opérations de commerce.

31. *Nᵃ*. On ne trouvera plus à la suite de chacun des exemples suivans, le modèle de l'article qu'il faut passer au journal. Mais on trouvera en son rang de date, dans le journal placé à la suite du présent ouvrage, l'article qui doit être passé pour chaque exemple proposé. Par exemple, une affaire ayant été faite le 1.er vendémiaire, on trouvera dans le journal à la date du 1.er vendémiaire, l'article qui doit être passé relativement à cette affaire.

Quoique la date d'une opération proposée pour exemple, pût suffire pour que l'on trouvât aisément sur le journal l'article inscrit à la même date, relativement à cette opération, il sera en outre placé à la suite de chaque exemple, un numéro qui sera celui de l'article qu'il faut aller voir au journal sous ce même numéro.

——— *Du 2 Vendémiaire an* 10. ———

32. J'ai acheté 20 tonneaux vin blanc à Dupré, à 200 fr., payable en mon billet à son ordre, à 6 mois, ci. 4000 fr.

[Ici je vois que je reçois des marchandises ; donc, le compte de marchandises générales doit être débité (17) ; je vois que Dupré me les fournit, donc il doit être crédité (28). La promesse que je lui fais de le payer en mon billet, n'est qu'une des conditions de l'affaire que je fais avec lui : il sera mon créancier jusqu'à ce que j'aie effectué cette promesse.] Je passe alors l'article au journal, comme suit : (358)

33. Le numéro 358 placé ci-dessus entre deux paranthèses, est celui du rang de l'article passé au journal. Voyez donc sur le f.° 1. du journal, l'article écrit sous le n°. 358, *vous trouverez ce numéro au journal, avant le premier des deux traits entre lesquels on écrit la date de chaque opération*. Ainsi le numéro de chaque article précédera la date de ce même article.

Du 3 Vendémiaire.

34. J'ai acheté à Dupui, 2 barriques sucre brut, pesant 26 quintaux, faisant 125 myriagrammes, poids net; à 12 fr. le myriag., payable en un billet de ville, ci 1500 fr.

[Ici je vois que je reçois des marchandises ; donc, marchandises générales doivent être débitées (17), et que Dupui me les fournit; donc, Dupui doit être crédité (28). Je passe alors l'article au journal.] J'écris : (359).

Il est évident qu'il ne doit être fait mention du billet de ville, qui doit être le prix de ces deux barriques de sucre, que comme d'une promesse ou d'une convention qui n'est pas encore exécutée.

Du 4 Vendémiaire.

35. J'ai vendu 10 tonneaux vin rouge, à Dupui, à 400 fr. le tonn., payable à un mois....... 4000 fr.

[Ici je vois que Dupui reçoit le vin que je lui vends, donc, il doit être débité (28); et que je fournis ce vin, donc marchandises générales doivent être créditées.] Je passe alors l'article au journal: (360).

Du 5 Vendémiaire.

36. J'ai vendu à Dupré, 2 barriques sucre brut, pesant 26 quintaux, faisant net 125 myriagrammes, à 12 francs le myriagrammes, payable en son billet, ci....................................... 1500 fr.

[Ici je vois que Dupré reçoit le sucre que je lui vends et ne me donne pas le billet qui en doit être le prix, donc il doit être débité; et que je fournis des marchandises, donc marchandises générales doivent être créditées.] Je passe alors cet article au journal: (361).

Du 6 Vendémiaire.

37. Mon père m'a fait présent, ce jour, de 20 tonneaux vin de Médoc, que j'ai de suite vendus au comptant, à raison de 1000 francs le tonneau.

[Je reçois de l'argent, la caisse doit être débitée (18). Les 20 tonneaux vin dont mon père me fait présent et dont je reçois le prix comptant, sont pour moi un pur bénéfice ; donc, profits et pertes (21) doivent être crédités.] Je passe alors l'article au journal : (362).

Il est évident que je ne fournis pas le vin qui me produit 20000 fr. : c'est mon père qui le fournit ; mais comme il me le donne, je ne dois pas l'en créditer ; je dois créditer le compte de profits et pertes, parce que ce don est un pur bénéfice pour moi.

Du 7 Vendémiaire.

38. J'achete comptant à Dupré, 12 tonneaux vin blanc, à 200 fr. le tonneau, ci............. 2400 fr.

[Je vois que je reçois des marchandises, donc marchandises générales doivent être débitées ; et que je donne de l'argent, donc la caisse (18) doit être créditée.] Je passe alors l'article au journal : (363).

Il est évident que je ne dois pas créditer Dupré, puisque je ne lui dois rien, attendu que je lui paye le vin qu'il me vend.

Du 8 Vendémiaire.

39. Je vends 12 tonneaux vin, comptant, à Jean, à 250 fr. le tonneau, ci.................... 3000 fr.

[Je reçois le prix de mon vin en argent, donc la caisse doit être débitée (18) ; et je donne des marchandises, donc marchandises générales doivent être créditées.] Je passe alors l'article au journal : (364).

Il est évident que Jean, qui m'a payé mon vin, ne doit pas être débité (*a*).

Du 9 Vendémiaire.

40. J'ai acheté à Dupui, 205 quintaux savon, faisant 1000 myriagrammes, poids net, à 9 fr. le myriag., et je lui en ai payé le montant en mon billet, à son ordre, à trois mois, ci........................ 9000 fr.

[Je reçois des marchandises, donc marchandises générales doivent être débitées. Je donne mon billet en payement, donc le compte de billets à payer (20) doit être crédité.] Je passe alors l'art. au journal : (365).

Du 10 Vendémiaire.

41. J'ai vendu à Pierre 42 quintaux savon, faisant 200 myriagrammes, poids net, à 10 fr. le myriagramm. et il m'a payé en son billet, à mon ordre, à trois mois, ci............................ 2000 fr.

[Je fournis des marchandises, donc marchandises générales doivent être créditées. J'en reçois le prix en un billet de Pierre, donc le compte de billets à recevoir (19) doit être débité.] Je passe alors l'article au journal : (366).

Du 11 Vendémiaire.

42. J'ai acheté à Dupré, 10 tonneaux vin rouge, à

(*a*) Ceci, loin d'être contraire au principe (28), ne fait que le confirmer ; car, Jean qui reçoit mon vin, et qui me le paye, ne reçoit réellement aucune valeur dont il me soit redevable. C'est la caisse qui reçoit la valeur du vin que je lui vends ; c'est donc elle qui doit être débitée et non pas Jean, qui ne me doit rien.

200 fr.

200 fr. le tonneau, en payement desquels je lui ai donné un crédit sur Lecoulteux, à Paris, ci.. 2000 fr.

Je reçois des marchandises; donc, le compte de marchandises générales doit être débité; Lecoulteux en fournit la valeur, puisque j'ai donné un crédit sur lui à Dupré, en payement de son vin; donc, Lecoulteux doit être crédité (28). Je passe alors l'article au journal: (367).

43. *Nota.* Donner un crédit de 2000 francs à une personne sur une autre, c'est donner à l'une la faculté de recevoir cette somme chez l'autre; dès-lors, il faut créditer celle qui doit payer, parce qu'un négociant qui charge un de ses correspondans de faire un payement pour son compte, doit considérer ce payement comme fait.

Du 12 Vendémiaire.

44. J'ai acheté à Dupui 12 tonneaux vin blanc, à 200 fr. le tonneau, en payement desquels je lui ai donné 10 tonneaux vin rouge, à raison de 240 fr. le tonneau, ci.......................... 2400 fr.

[Je reçois des marchandises et j'en donne en retour, le compte de marchandises générales doit donc être débité et crédité.] Je passe alors l'art. au journal: (368).

Du 13 Vendémiaire.

45. J'ai acheté à Martin, 29 tonneaux vin, à 400 fr. le tonneau, que je lui ai payé comptant, sous l'escompte de 3 pour cent, ci................ 11600 fr.

[Je reçois des marchandises; donc, le compte de marchandises générales doit être débité. La caisse fournit l'argent que je donne à Martin, elle doit donc être créditée (18); mais la caisse ne fournit pas toute la valeur de ces marchandises, puisque je les paye sous l'escompte de 3 pour cent, c'est-à-dire, en retenant 3 pour cent sur le prix de leur valeur; alors, je vois que je fais un bénéfice; car, retenir 3 pour cent sur une somme que l'on payeroit en entier à une éqoque plus reculée, c'est faire un bénéfice de 3 pour cent; le compte de profits et pertes doit donc être crédité.] (21) Je passe alors l'article au journal: (369).

Du 14 Vendémiaire.

46. J'ai vendu à Pierre, 29 tonneaux vin, à 440 fr. le tonneau, qu'il m'a payé en argent, sous l'escompte de 3 pour cent, ci.................... 13200 fr.

[Je vends des marchandises; donc, le compte de marchandises générales doit être crédité de la valeur de ces marchandises; l'acheteur qui me paye comptant, retient un escompte de 3 pour cent sur la valeur de mon vin, et me donne le reste en argent; le compte de caisse doit donc être débité de l'argent que je reçois, et celui de profits et pertes de l'escompte; car, les 3 pour cent que Pierre retient, sur la valeur de mon vin, sont pour moi une perte.] Je passe alors l'article au journal: (370).

47. Dans ces deux derniers exemples (45) (46) il faut considérer, 1.° que quand je paye comptant, sous l'escompte, je donne de l'argent, et je fais un bénéfice qu'on est convenu de m'accorder; 2.° que quand on me paye comptant, sous l'escompte, on me donne de l'argent, et je fais une perte que je suis convenu de supporter.

Du 15 Vendémiaire.

48. J'ai acheté à Dupuy, 10 tonneaux vin de Mé-

doc, à 1000 fr. le tonneau, et je lui ai fourni ce qui suit en payement dudit vin :

Mon billet à deux mois, de...........	2000 fr.
Un billet de Pierre, à trois mois........	2000
42 Quintaux savon, ou 200 myriagramm., poids net, à 10 francs	2000
En argent, sous l'escompte de 3 pour cent.	4000
	10000 fr.

[Je vois que je reçois des marchandises; donc, le compte de marchandises générales doit être débité. Je donne un billet à payer, un billet à recevoir, des marchandises, de l'argent, et je fais un bénéfice; car, l'escompte que je retiens est un bénéfice; donc, billets à payer, billets à recevoir, marchandises générales, caisse et profits et pertes doivent être crédités.] Je passe alors l'article au journal : (371).

Du 16 Vendémiaire.

49. J'ai vendu à Jean, 10 tonneaux vin de Médoc, à 1200 francs le tonneau, et il m'a fourni ce qui suit en payement :

Son billet, à deux mois, à mon ordre, de	4000 fr.
Un de mes billets qu'il m'a remis, ordre de Dupui..............................	2000
200 Mètres drap commun, à 10 francs le mètre..................................	2000
En argent, sous l'escompte de 3 pour cent.	4000
	12000 fr.

[Je reçois un billet à recevoir, un de mes billets que l'on me remet, des marchandises, de l'argent, et je fais une perte (47); donc, billets à recevoir, billets à payer, marchandises générales, caisse et profits et pertes doivent être débités. Je fournis des marchandises pour le tout; donc, le compte de marchandises générales doit être crédité du tout.] Je passe l'article au journal : (372).

Du 17 Vendémiaire.

50. J'ai pris, au pair, un billet de Jacques, de 10000 francs, et j'en ai payé le montant compté, ci.................................... 10000 fr.

[Prendre un billet sur la place, c'est l'acheter; d'ailleurs, je vois que je reçois un billet à recevoir; donc, le compte de billets à recevoir doit être débité; je vois aussi que j'en fournis le montant en argent; donc, la caisse doit être créditée.] Je passe l'article au journal : (373).

Du 19 Vendémiaire.

51. J'ai négocié, au pair, le billet de 10000 francs, de Jacques, et j'en ai reçu le montant compté, ci.................................... 10000 fr.

[Négocier un billet, c'est le vendre; d'ailleurs, je vois que je reçois de l'argent; donc, la caisse doit être débitée; je fournis un billet à recevoir; donc, le compte de billets à recevoir doit être crédité.] J'écris : (374).

Du 20 Vendémiaire.

52. J'ai fait un billet de 10000 francs, à 3 mois, à l'ordre d'André, et j'ai fait négocier ce billet pour mon compte, sous l'escompte de 3 pour cent, ci. 10000 fr.

[Négocier un de mes propres billets, c'est le vendre pour de l'argent. D'ailleurs, je vois que je reçois del'argent; donc; la caisse doit être débitée; et que je fais une perte (47); donc, le compte de profits et pertes doit être débité; je vois que je fournis un billet à payer; donc, le compte de billets à payer doit être crédité.] J'écris : (375).

Du 21 Vendémiaire.

53. J'ai pris mon billet de 9000 francs, ordre de Dupui, et j'en ai payé le montant, sous la déduction d'un escompte de 3 pour cent.

[Prendre un de mes propres billets, c'est l'acheter. D'ailleurs, je reçois un billet à payer; donc, le compte de billets à payer doit être débité; j'en donne le montant en argent, moins l'escompte, c'est-à-dire, je donne de l'argent, et je fais un bénéfice (47); donc, la caisse, et profits et pertes doivent être crédités.] J'écris : (376).

Du 22 Vendémiaire.

54. J'ai pris un billet de Bonnafous, de 10000 francs, à 2 mois de ce jour, et j'en ai payé le montant sous la déduction d'un escompte de 2 pour cent.

[Je reçois un billet à recevoir; donc, le compte de billets à recevoir, doit être débité; je donne, en argent, la valeur de ce billet, moins l'escompte que je gagne; donc, la caisse et profits et pertes doivent être crédités.] J'écris : (377).

55. *Nota.* Si on négocioit ce billet, l'article qu'il faudroit passer au journal, seroit l'inverse du précédent. (54).

Du 23 Vendémiaire.

56. J'ai vendu et livré à Guillaume, 22 quintaux savon, poids brut, faisant 100 myriagrammes, poids net, à 12 francs le myriagamme. Le feu s'est

mis chez ledit Guillaume, et il a péri dans l'incendie qui a consumé toute sa fortune, ci.............. 12000 fr.

[Guillaume étant mort insolvable, le montant de la vente que je lui ai faite, tourne en pure perte; donc, le compte de profits et pertes doit être débité. Je lui ai cependant fourni des marchandises; donc, le compte de marchandises générales doit être crédité.] J'écris : (378).

Du 24 Vendémiaire.

57. J'ai vendu 42 quintaux savon, poids brut, faisant 200 myriagrammes, poids net, à Dupré, à 12 fr. le myr.; il m'a donné en payement un crédit sur Jangé, banquier à Lyon, pour le montant de ce savon, ci.................................... 2400 fr.

[Je fournis des marchandises, dont le compte de marchandises générales doit être crédité. Dupré qui les reçoit me donne en payement un crédit sur Jange; Dupré ne me doit donc plus la valeur de ces marchandises; c'est Jange qui doit me la payer, et qui par-là devient mon débiteur.] J'écris l'article au journal comme suit : (379).

Du 25 Vendémiaire.

58. Jacob, de Montauban, a expédié à mon adresse, par mon ordre et pour mon compte, un ballot contenant 10 pièces drap de diverses couleurs, aunant ensemble 198 mètres, montant, à raison de 20 fr. le mètre, à 3960 fr.; et il a tiré une lettre de change sur moi de pareille somme, à un mois de vue, à l'ordre de Montau, laquelle lettre j'ai acceptée, ci.................................. 3960 fr.

NOTA. J'ai déboursé 100 francs pour les droits de douane, frais de transport, etc., à l'arrivée de ces draps.

[Je reçois des marchandises qui ont été expédiées à mon

adresse par mon ordre et pour mon compte; donc, le compte de marchandises générales doit être débité de la valeur de ces marchandises et des frais, montant ensemble à 4060 francs. J accepte en payement de ces marchandises, la lettre de change de 3960 francs, qui a été tirée sur moi par Jacob, de Montauban; or, accepter une lettre de change, c'est s'obliger à la payer à son échéance, ou c'est souscrire un effet à payer, ainsi le résultat est pour moi le même que quand je donne un billet à payer; donc, le compte des billets à payer doit être crédité. Je débourse 100 francs pour les frais; donc, la caisse doit être créditée.] J'écris : (380).

59. Les frais de réception, la commission, l'assurance, et en général les frais quelconques que coûtent les marchandises que l'on reçoit ou que l'on achète, doivent être considérés comme une augmentation du prix que ces marchandises coûtent; et en conséquence, le compte des marchandises générales doit être débité de tous les frais des marchandises que l'on reçoit.

Du 27 Vendémiaire.

60. J'ai expédié à Robert, de Paris, un ballot contenant 10 pièces de drap de diverses couleurs, aunant ensemble 198 mètres, montant, à raison de 22 fr le mètre, à 4356 francs; et j'ai tiré une lettre de change sur lui à un mois de vue, à l'ordre de Rasin, qui m'en a payé la valeur, sous la déduction d'un escompte de un et demi pour cent, ci................ 4356 fr.

[Je fournis le drap expédié à Robert; donc, le compte des marchandises générales doit être crédité de 4356 francs. Robert ne doit pas être débité, parce que je me rembourse en tirant sur lui une lettre de change de 4356 francs, à l'ordre de Rasin, qui en recevra la valeur. Cependant Rafin ne doit pas être débité lui-même, parce qu'il me paye sous un escompte de un et demi pour cent le montant de la lettre de change que j'ai tirée à son ordre, sur Robert, de Paris. En dernier résultat, je reçois donc le montant de mon drap, en argent, moins l'escompte ; c'est-à-dire, je reçois en argent 4290 francs 66 centimes; donc, la caisse doit être débitée de 4290 fr. 66 centim. Je perds les 65 fr. 34 cent. que Rafin retient pour l'escompte (47), fixé à un et demi pour cent; donc, profits et pertes doivent être débités de 65 fr. 34 cent. J'écris : (381).

Du 28 Vendémiaire.

61. James, négociant de l'Isle-de-France, m'écrit qu'il a expédié une balle mousseline des Indes, de mon ordre et pour mon compte et risque, sur le navire le Jason, ladite balle montant à.................. 4000 fr.

[James a expédié , et par conséquent a fourni des marchandises ; donc , il doit être crédité. Je n'ai pas encore reçu ces marchandises ; mais elles ont été expédiées pour mon compte, c'est comme si je les avois reçues ; donc, le compte de marchandises générales doit être débité.] J'écris : (382).

Du 29 Vendémiaire.

62. Sauvage, mon courtier, a acheté pour mon compte, 76 tonn. vin vieux, de Médoc, aux suivans :

A Brai, 12 tonneaux, montant à.....	12000 fr.
A Jean, 10 idem....................	12000
A Dupré, 12 idem...................	12000
A Pierre, 8 idem...................	8000
A Dupui, 34 idem...................	34000
	78000 fr.

[Je reçois des marchandises ; donc, le compte des marchandises générales doit être débité. Les ci-dessus nommés me les fournissent, ils doivent donc être crédités.] J'écris : (383).

Du 30 Vendémiaire.

63. J'ai vendu ce qui suit aux suivans :

A Beaufour,	10 tonneaux vin de Médoc.	12000 fr.
A Paul.....	1 idem................	1000
A Dupré....	22 qx. savon, faisant 100 myriag. poids net, à 12 fr. le myriag.	1200
A Jean.....	42 id., fais. poids net 200 myr., à id..................	2400
A idem.....	20 tonn. vin, à 1000 fr. le t.	20000
A Dupui...	100 myriag. savon, à 12 fr..	1200
A Duparc...	30 tonneaux vin,.........	34000
A Dupin....	20 idem................	20000
		91800 fr.

[Je fournis des marchandises ; donc, le compte des marchandises générales doit être crédité. Les ci-dessus nommés reçoivent ces marchandises ; donc, ils doivent être débités.] J'écris : (384).

64. Voilà un exemple de chaque sorte d'achats et ventes simples ; en général, on établit ces sortes d'opérations sur le journal, comme on vient de l'indiquer. Mais il est bon de prévenir ici, que certains négocians, au lieu de tenir un compte de marchandises générales, en tiennent un pour chaque espèce de marchandises ; et que cela ne change rien à la manière de passer les articles.

Dans ce cas, il s'agit de débiter sucre, café, vin, etc., etc., quand on achète du sucre, du café, vin, etc. En un mot, il s'agit seulement de débiter le compte ouvert à chaque espèce de marchandises en particulier, comme l'on débiteroit celui de marchandises générales, ce qui revient toujours au même; car, débiter les marchandises en général, ou chaque espèce en particulier, c'est la même chose.

65. Il est encore à propos de dire ici, que l'on ouvre un compte particulier à chaque immeuble ou propriété quelconque d'un négociant; par exemple, à chaque navire, habitation, terre, maison, contrat, etc., qu'il achète ou qu'il possède; enfin, que l'on peut ouvrir autant de comptes généraux ou impersonnels, sur ses livres, que ses différentes propriétés l'exigent; mais comme on traitera de ces comptes ailleurs (144), il suffit de dire ici qu'il faut en agir à leur égard, comme l'on agiroit à l'égard du compte des marchandises générales, dans le même cas; ainsi, si l'on achetoit à Pierre, le navire le César :

NAVIRE LE CÉSAR, DOIT A PIERRE, etc.

Si l'on achetoit une maison en ville, rue Désirade, on diroit :

MAISON EN VILLE, rue Désirade, DOIT à celui qui vend, ou au compte qui l'auroit payée, etc.

66. De règle générale : l'objet quelconque que l'on achète ou que l'on reçoit, doit au compte qui en fournit la valeur.

Et quand on vend cet objet, ou quand on le fournit; les comptes qui en reçoivent la valeur, l'a doivent à l'objet vendu, sous quelque nom qu'il ait, un compte ouvert, ce qui revient toujours à ce principe clair et certain : *Le compte qui reçoit est débiteur, celui qui fournit est créancier.*

67. Enfin, tout est marchandise dans le commerce.

Les billets à recevoir ou à payer, l'argent, les profits et pertes, les immeubles, les contrats, sont des objets commerçables que l'on vend et que l'on achète comme des marchandises. On doit donc agir à leur égard, lorsqu'on les vend ou les achète, comme l'on agiroit dans le même cas, à l'égard du Cte. des marchandises générales.

Les exemples donnés des divers achats et ventes de marchandises, sont donc les mêmes que ceux que l'on auroit pu donner des divers achats et ventes de ces autres objets.

EXEMPLES

DE LA MANIÈRE DE PASSER ÉCRITURE

DES PRÊTS ET DES EMPRUNTS.

Du 1er Brumaire.

68. J'ai prêté à Pierre, 1000 francs en argent.

[Pierre reçoit et doit être débité; la caisse qui fournit l'argent doit être créditée.] J'écris : (385).

Du 2 Brumaire.

69. Jean m'a prêté 1000 francs en argent.

[La caisse qui reçoit de l'argent, doit à Jean qui le donne.] J'écris : (386).

Du 3 Brumaire.

70. J'ai fait à Jean un billet de plaisir, de 1000 fr. c'est-à-dire, je lui ai prêté 1000 francs en un de mes billets, à 3 mois, qu'il doit donner en payement à quelqu'un.

[Jean qui reçoit, doit aux billets à payer le billet que je lui prête.] J'écris : (387).

Du 4 Brumaire.

71. Dupui m'a prêté 1000 francs, en son billet, à mon ordre, à 3 mois.

[Je reçois un billet à recevoir de Dupui; donc, le compte des lettres et billets à recevoir, doit être débité, et Dupui qui me le prête, doit être crédité.] J'écris : (388).

Du 5 Brumaire.

72. J'ai prêté à Dupré, 1000 francs, que je lui ai fourni, en lui donnant le billet de Dupui, à mon ordre.

[Ici, je donne un billet à recevoir; donc, les billets à recevoir doivent être crédités; et Dupré qui reçoit, doit être débité.] J'écris : (389.

Du 6 Brumaire.

73. J'ai emprunté 6000 francs à Pierre, à l'intérêt de 6 pour cent par an, et il a retenu l'intérêt de 3 mois, qui monte à 90 francs.

[Ici, je vois que la caisse reçoit 5910 fr. en argent; donc, la caisse doit. On me retient 90 francs pour l'escompte; donc, profits et pertes doivent être débités de cette perte. Pierre fournit le tout, il en doit donc être crédité.] J'écris : (390).

Du 7 Brumaire.

74. J'ai prêté ou vendu 6000 francs à Dupui, à l'intérêt de 6 pour cent, et j'ai retenu l'intérêt de 6 mois, montant à 180 francs.

[Ici, je vois que je fournis 5820 francs en argent; donc, il en faut créditer la caisse; je gagne avec Dupui 180 fr. que je lui retiens, il faut donc en créditer profits et pertes; Dupui reçoit le tout, il faut donc le débiter.] J'écris : (391).

Du 8 Brumaire.

75. Pierre m'a prêté 10000 francs, comme suit :

En son billet, à 2 mois...............	3000 fr.
En marchandises, 2 tonneaux vin.......	2000
En argent, déduction faite de l'escompte à 3 pour cent. (47).....................	5000
	10000 fr.

[Ici, je vois que je reçois un billet ; donc, que les billets à recevoir doivent. Des marchandises ; donc, que marchandises générales doivent. De l'argent ; donc, que la caisse doit. Une perte ; donc, que profits et pertes doivent être débités. Pierre qui me donne le tout, doit en être crédité.] J'écris : (392).

Du 9 Brumaire.

76. J'ai prêté à Jean ce qui suit :

En mon billet, à 2 mois..............	3000 fr.
En un billet de Pierre, à M.|O., à 2 mois..	3000
En marchandises, 3 tonneaux vin........	3000
En argent, sous l'escompte de 3 pour cent.	1000
	10000 fr.

[Ici, Jean qui reçoit le tout, doit en être débité. Les billets à payer doivent être crédités de mon billet ; les billets à recevoir doivent l'être du billet de Pierre ; marchandises générales doivent l'être des marchandises ; la caisse doit l'être de l'argent que je donne, et les profits et pertes de l'escompte que je gagne.] J'écris : (393).

Tels sont les divers exemples de chaque sorte de prêts et d'emprunts. Comme on le voit, les comptes des objets que l'on me prête, doivent être débités envers les personnes qui me les prêtent ; et les personnes à qui je prête doivent aux comptes des divers objets que je leur prête.

Ce qui revient toujours au principe général déjà établi : (28).

EXEMPLES
DE LA MANIÈRE DE PASSER ÉCRITURE
DES PAYEMENS ET RECETTES.

Du 10 Brumaire.

77. J'ai fourni à Dupré, mon billet, à son ordre, à 6 mois, en payement de 20 tonneaux vin blanc, qu'il m'a vendus le 2 Vendémiaire, montant à... 4000 fr.

[Dupré reçoit mon billet, il doit être débité ; je lui fournis un billet à payer, le compte des billets a payer doit donc être crédité.] J'écris : (394).

Du 11 Brumaire.

78. J'ai compté 3000 francs à Pierre, en payement des marchandises qu'il m'a vendu le premier Vendémiaire, (30) ci...................... 3000 fr.

[Pierre reçoit ; donc, il doit être débité (*a*). Je lui donne de l'argent ; donc, la caisse doit être créditée.] J'écris : (395).

Du 12 Brumaire.

79. Dupui m'a compté 4000 francs en payement de 10 tonneaux vin, à lui vendus le 4 Vendémiaire. (35).

(*a*) Le premier Vendémiaire, le compte de marchandises générales a été débité, et Pierre crédité ; il ne reste donc plus qu'à débiter Pierre, lorsqu'on le paye.

[Je reçois des écus; donc, la caisse doit être débitée; Dupui qui les donne doit être crédité.] (a) J'écris : (396).

Du 13 Brumaire.

80. Dupré m'a fourni son billet de 1500 francs, à un mois fixe, en payement du sucre à lui vendu le 6 Vendémiaire, ci........................ 1500 fr.

[Je reçois un billet à recevoir; donc, le compte de billets à recevoir doit être débité; Dupré me donne ce billet, donc, il doit être crédité.] J'écris : (397).

Nota. Voyez le journal : (361) Dupré a été débité, et le compte de marchandises générales a été crédité lorsque j'ai vendu ce sucre. Il ne reste donc plus qu'à créditer Dupré, lors qu'il me paye.

Du 14 Brumaire.

81. J'ai donné à Dupui le billet de 1500 francs de Dupré, à valoir sur le vin qu'il m'a vendu le 29 Vendémiaire (62).

[Dupui reçoit, il doit être débité; je lui donne un billet à recevoir; donc, le compte de billets à recevoir doit être crédité.] J'écris : (398).

Du 15 Brumaire.

82. Dupui m'a payé le vin à lui vendu le 4 Vendémiaire dernier, (35) en me remettant mon billet de 4000 francs, à 6 mois, ordre de Dupré, qu'il avoit en porte-feuille, ci..................... 4000 fr.

(a) Dupui a été débité, le 4 Vendémiaire, du vin que je lui ai vendu à cette époque, et le compte de marchandises générales a été crédité; donc, Dupui doit être crédité actuellement, parce qu'il me paye.

[Je reçois un de mes propres billets ; donc, le compte de billets à payer doit être débité ; Dupui me le donne ; donc, Dupui doit être crédité.] J'écris : (399).

Du 16 Brumaire.

83. Pierre m'a fourni un tonneau vin de Médoc, à raison de 1000 francs le tonneau, en payement de pareille somme que je lui ai prêtée, le premier du courant (*a*), ci.............................. 1000 fr.

[Je reçois des marchandises ; donc le compte de marchandises générales doit être débité. Pierre me les donne ; il doit être crédité.] J'écris : (400).

Du 17 Brumaire.

84. J'ai fourni à Jean, un tonneau vin de Médoc, à raison de 1000 fr. le tonneau, en payement de pareille somme qu'il m'a prêtée le 2 du courant (69), ci. 1000 fr.

[Je fournis des marchandises ; donc le compte de marchandises générales, doit être crédité ; Jean les reçoit ; donc, Jean doit être débité.] J'écris : (401).

Du 18 Brumaire.

85. Jean m'a compté 1000 francs, sous l'escompte de 3 pour cent, en payement de pareille somme à lui prêtée, le 3 du courant, en mon billet à 3 mois, ci...................................... 1000 fr.

[Je reçois de l'argent et je fais une perte (47) ; donc, le compte de caisse, et celui de profits et pertes, doivent

(*a*) Pierre a été débité, et la caisse a été créditée le premier du courant (67), il ne reste donc plus qu'à créditer Pierre, lorsqu'il paye ce qu'il me doit.

être,

être débités : Jean qui me fait ce payement doit être crédité.] J'écris : (402).

Du 19 *Brumaire.*

86. J'ai compté 3000 francs à Dupui, sous l'escompte de 3 pour cent, en payement de pareille somme, qu'il m'a prêtée, le 4 du courant, en son billet, à mon ordre, à 3 mois (71), ci.......................... 3000 fr.

[Dupui reçoit le payement que je lui fais ; donc, il doit être débité. Je lui donne de l'argent, et je fais un bénéfice ; (47) donc, le compte de caisse et celui de profits et pertes, doivent être crédités.] J'écris : (403).

Du 20 *Brumaire.*

87. J'ai fait un billet de 400 francs, à 6 mois, à l'ordre de Dubord, en payement de la prime d'assurance de 4000 fr. de marchandises chargées pour mon compte, sur le navire le Jason, (61) que ledit Dubord a assurées, à raison de 10 pour cent, ci................ 400 fr.

[Les 400 fr. que je paye pour faire assurer les marchandises chargées sur le Jason, augmentent le prix de ces marchandises ; donc, le compte de marchandises générales, doit être débité de ces 400 francs : je fournis un de mes billets ; donc, le compte de billets à payer, doit être crédité.] J'écris : (404).

Du 21 *Brumaire.*

88. J'ai compté 780 fr. à Sauvage, en payement de la commission que je lui devais, à raison d'un pour cent, sur les marchandises qu'il a achetées pour mon compte, le 29 du mois dernier (62), ci.............. 780 fr.

[La commission que je paye à Sauvage, augmente le prix des marchandises qu'il a achetées pour mon compte; donc, le compte de marchandises générales doit être débité (59). Je donne de l'argent; donc, le compte de caisse doit être crédité.] J'écris: (405).

89. Règle générale: Le compte de marchandises générales, doit être débité du montant des assurances, des commissions, des frais et de tous les débours de quelque nature qu'ils soient, qui augmentent le prix des marchandises que l'on achète, ou que l'on reçoit.

Du 23 Brumaire.

90. Dubord m'a payé comme suit: les 4000 fr. de marchandises qu'il avoit assurées sur le navire le Jason; dont la perte a été constatée, et dont il a été fait acte d'abandon aux assureurs.

Il m'a remis mon billet à son ordre, de....	400 fr.
Il m'a compté........................	3600 fr.
	4000 fr.

[Je reçois de l'argent et un de mes billets; donc, le compte de caisse, et celui de billets à payer, doivent être débités. Ce sont les marchandises perdues qui me fournissent, ou qui me produisent ce que je reçois, puisque c'est pour me rembourser la valeur de ces marchandises, que l'assureur auquel j'en ai fait l'abandon, m'en paye le prix; donc, le compte de marchandises générales, doit être crédité.] J'écris: (406).

91. Quant aux commissions et aux primes que je gagne moi-même, sur les marchandises que j'achète et que j'assure pour compte d'autrui, et quant aux pertes que j'éprouve, lorsque je paye la valeur des objets que j'ai assurés, je passe le tout par profits et pertes; parce que les primes ou les commissions que je gagne, sont

pour moi, un pur bénéfice. De même que les sommes que je paye, en remboursement de la valeur des objets que j'ai assurés sur des vaisseaux qui ont péri, sont des pertes, quand je les débourse. Voyez (119), (120), (121).

Du 24 Brumaire.

92. Brai m'a fourni une lettre de 310 liv. sterl., à 2 mois de vue, sur Raymond, de Londres, au change de 30 deniers sterl., faisant, ci.............. 7440 fr.

[Brai me fournit une lettre sur Londres; donc, il doit être crédité. Je reçois un effet a recevoir; donc, le compte de billets à recevoir, doit être débité.] J'écris : (407).

Du 25 Brumaire.

93. Robert de Paris, m'a ordonné de remettre pour son compte, 7200 francs à Thomson, de Londres, au change de 31 den. sterl. pour 3 francs; ce que j'ai fait en remettant audit Thomson, la lettre de 310 liv. sterl. sur Raymond, de Londres, faisant, à 31 den. st. ci. 7200 fr.

[Je fournis une lettre de 310 liv. st., qui m'a coûté 7440 francs, (92) donc le compte de billet à recevoir, doit être crédité de 7440 francs. Thomson, de Londres, reçoit cette lettre, mais c'est pour compte de Robert, de Paris; ce n'est donc pas Thomson : c'est Robert, qui doit être débité; d'un autre côté, Robert ne doit être débité que de 7200 francs, parce que le 310 liv. sterl., ne valent que ce prix, au change de 31 deniers. Conséquemment, je perds 240 francs; donc, le compte de profits et pertes, doit être débité.] J'écris : (408).

Du 26 Brumaire.

94. Brai m'a fourni une lettre de change, à 2 mois

de vue, de 5200 florins, sur James, d'Amsterdam, au change de 52 deniers de gros, faisant, ci.... 12000 fr.

[Je reçois un effet à recevoir; donc le compte de billets à recevoir doit être débité; Brai me les fournit; donc, il doit être crédité.] J'écris : (409).

——————— *Du 27 Brumaire.* ———————

95. Robert m'a donné ordre de remettre, pour son compte, 5200 florins, au change de 50 deniers de gros, à Powel, d'Amsterdam; ce que j'ai fait en remettant audit Powel, une lettre de change de 5200 florins sur James, d'Amsterdam, faisant un change de 50 deniers, ci.................................... 12480 fr.

[Je fais une remise de 12480 fr., à Powel, mais c'est pour compte de Robert; c'est donc ce dernier, qui doit être débité de cette somme. Je fournis une lettre de change sur James; le compte des billets à recevoir, doit donc être crédité. Mais comme cette lettre de change ne m'a coûté que 12000 francs, (94) le compte de billets à recevoir, ne doit être crédité que de cette somme; et celui de profits et pertes, doit être crédité du bénéfice que je fais.] J'écris : (410).

96. Règle générale : il faut toujours passer par profits et pertes, le bénéfice ou la perte des effets à recevoir ou à payer, que l'on donne ou que l'on reçoit; afin que ces effets soient portés pour une même valeur, au débit et au crédit des comptes qui leur sont ouverts, et qu'on puisse en reconnoître plus aisément l'entrée et la sortie.

Plusieurs teneurs de livres se bornent à débiter et à créditer le compte de billets à recevoir, et celui de billets à payer de la valeur de ce qu'ils donnent et de ce qu'ils reçoivent, en retour des billets qu'ils donnent et reçoivent, sans faire attention à ce qu'ils perdent et à ce qu'ils gagnent sur ces billets; et ils soldent à la fin de l'année ces comptes par profits et pertes. Mais lorsqu'ils veulent faire la balance des livres, et qu'ils veulent reconnoître l'entrée et la sortie des billets, ils éprouvent une peine infinie. Les billets, étant au contraire portés au débit et au crédit, chacun pour une même, somme, il est facile d'en reconnoître l'entrée et la sortie, et par conséquent de savoir quels sont ceux qui restent en porte-feuille ou qui restent à payer.

Cette méthode paroît plus longue que l'autre. Mais on voit le contraire, lorsqu'on fait la balance des livres.

Du 28 Brumaire.

97. Jean m'a fourni ce qui suit, en payement de ce que je lui ai prêté, le 9 du courant (75):

1 De ses billets à 1 mois	3000 fr.
Mon billet à son ordre, à 2 mois, qu'il m'a remis	3000 fr.
2 Tonneaux vin, à 1000 fr. le tonneaux.	2000 fr.
En argent	2000 fr.
	10000 fr.

[Jean qui m'a fait ce payement, doit en être crédité. Je reçois un billet à recevoir, un de mes propres billets, des marchandises et de l'argent; donc, les comptes de billets à recevoir, celui de billets à payer, celui de marchandises générales, et celui de caisse, doivent être débités.] J'écris: (411).

Du 29 Brumaire.

98. J'ai fourni à Pierre, 1000 fr. comme suit, en payement de pareille somme, qu'il m'a prêté le 8 du courant (74).

1 Billet de Jean, à un mois............	3000 fr.
Mon billet à 15 jours..................	3000
Deux tonneaux vin, à 1200 francs........	2400
En argent..............................	1600
	10000 fr.

[Pierre reçoit les objets ci-dessus ; donc, il doit être débité. Je lui donne un billet de Jean, mon billet, 2 tonneaux vin et de l'argent ; donc, les comptes, de billets à recevoir, de billets à payer, de marchandises générales et de caisse, doivent être crédités.] J'écris : (412)

Du 30 Brumaire.

99. J'ai acquité ce jour les effets ci-après :

La traite de Jacob, de Montauban, sur moi, ordre de Montau, à un mois de vue..............	3960 fr.
Mon billet, ordre de Dupui, à 2 mois, ci.	1000
	4960 fr.

[Je reçois les billets que j'acquitte ; donc, le compte de lettres et billets à payer doit être débité. Je donne de l'argent ; donc, la caisse doit être créditée.] J'écris : (413).

Du 2 Frimaire.

100. J'ai reçu le montant du billet de Bonnafous, échu ce jour, ci........................ 10000 fr.

[Je reçois de l'argent ; donc, la caisse doit être débitée. Je donne ou je rends le billet de Bonnafous à celui qui m'en paye le montant ; donc, le compte de billets à recevoir doit être crédité.] J'écris : (414).

Du 3 Frimaire.

101. J'ai payé à Dupui 34000 francs que je lui devois, en lui donnant ordre de tirer des lettres de change jusqu'à la concurrence de cette somme, sur Jauge, mon banquier, à Lyon.

[Par le moyen de cet ordre, Dupui reçoit ou doit recevoir son payement, ce qui est la même chose pour moi ; il doit donc être débité. Jauge doit effectuer ce payement : c'est pour moi comme s'il l'avoit fait ; (43) il doit donc être crédité.] J'écris : (415).

Du 4 Frimaire.

102. Duparc m'a payé 34000 francs qu'il me devoit, en me donnant ordre de tirer jusqu'à la concurrence de cette somme, sur Jauge ; mais comme je la dois à ce dernier, je la lui laisse en payement, et lui écris de la passer à mon crédit, ci.... 34000 fr.

[Jauge, qui, selon l'ordre de Duparc, devoit me compter 34000 francs, reçoit son payement de pareille somme que je lui devois, puisque je lui laisse celle-ci en compensation ; donc, il doit être débité. Duparc me paye ; donc, il doit être crédité.] J'écris : (416).

103. Règle générale : dans tout payement ou dans toute compensation, celui à qui l'on paye ce qui lui est dû, doit être débité, et il faut créditer celui qui paye ce qu'il doit.

Du 5 Frimaire.

104. J'ai acquitté ce jour un mandat que Dupui a tiré sur moi, à vue, ci.................. 1000 fr.

[Dupui a reçu le montant de son mandat, ou la fait recevoir pour son compte ; donc, il doit être débité. J'en ai payé le montant en argent ; donc, la caisse doit être créditée.] J'écris : (417).

Du 6 Frimaire.

105. J'ai fourni à Bray, une lettre de change de 10000 francs, que j'ai tirée ce jour, à son ordre, sur Lecouteulx, mon banquier, à Paris, ci.... 10000 fr.

[Bray reçoit la lettre de change que j'ai tirée à son ordre ; donc, il doit être débité ; Lecouteulx, sur qui cette lettre est tirée, en fournit ou en doit fournir le montant, puisqu'il doit l'acquitter ; donc, il doit être crédité.] J'écris : (418).

Du 7 Frimaire.

106. J'ai fourni à Dupré, une lettre de change de 1000 francs, que j'ai tirée ce jour sur Peregaux, de Paris, de l'ordre et pour compte de Beaufour, à valoir sur ce que ce dernier me doit.

[Dupré reçoit une lettre de change sur Paris ; donc, il doit être débité. C'est Beaufour qui en fournit la valeur, puisque je n'ai tiré ladite lettre sur Peregaux, que par l'ordre et pour compte de Beaufour ; donc, Beaufour doit être crédité.] J'écris : (419).

Du 8 Frimaire.

107. Dupui m'a fourni un mandat à vue sur Pierre, de 20000 francs ; ce dernier a retenu 8000 francs que je lui devois, et m'a compté le restant, ci... 20000 fr.

[Dupui me fournit 20000 francs ; donc, il doit être crédité. La caisse reçoit 12000 francs ; donc, elle doit être débitée ; Pierre, en retenant les 8000 fr. que je lui devois, reçoit le payement de cette somme ; donc, il doit être débité.] (103) J'écris : (420).

Du 9 Frimaire.

108. Robert, de Paris, m'a donné ordre de compter 20000 francs pour son compte, à Jean; ce dernier m'a laissé 12000 fr. à valoir sur ce qu'il me doit, et je lui ai compté le restant, ci.................. 20000 fr.

[Je fais un payement de 20000 fr., pour compte de Robert; donc, il doit être débité ; je donne 8000 fr. en argent ; donc, la caisse doit être créditée. Jean me laisse 12000 fr. en payement de ce qu'il me doit ; donc, il doit être crédité.] J'écris : (421).

Du 10 Frimaire.

109. J'ai fait un billet de 6000 francs, à un mois, à l'ordre de Dupui, en payement de son billet de pareille somme, à la même époque.

[Je reçois le billet de Dupui ; donc, le compte de billets à recevoir, doit être débité : je donne en retour un billet à payer ; donc, le compte de billets à payer, doit être crédité.] J'écris : (422).

Du 11 Frimaire.

110. Robert, de Paris, m'a fait une remise en une lettre de change de 500 livres sterlings, à un mois de vue, et au change de 30 deniers, tirée sur Williams, de Londres, faisant, ci.................. 12000 fr.

[Je reçois une lettre de change ; donc, le compte de billets à recevoir doit être débité : Robert me la fournit ; donc, il doit être crédité.] J'écris : (423).

Du 12 Frimaire.

111. Robert, de Paris, a tiré une lettre de change de 7205 fr., sur moi, à un mois de vue, laquelle j'ai acceptée en remboursement de la lettre sur Raymond;

de Londres, que j'ai fournie audit Robert, et que ce dernier m'a renvoyée, parce qu'elle a été protestée faute de payement; ladite lettre montant à 7200 francs, prix auquel je la lui avois cédée, à quoi il faut ajouter 5 fr. pour frais de protest et port de lettre, ci. 7205 fr.

Nota. Cette lettre m'avoit été fournie par Bray, pour une valeur de 7440 francs.

[Robert me renvoie la lettre sur Raymond, de Londres, parce que je dois lui en rembourser le prix, attendu que je la lui ai donnée, et qu'elle n'a pas été acquittée à son échéance; mais par la même raison, Bray qui m'a fourni cette lettre, doit m'en rembourser la valeur. Si je reprends cette lettre, ce n'est donc pas pour mon compte, c'est pour celui de Bray; donc, Bray doit être débité de 7445 fr., montant de la somme pour laquelle il me la cédée (92), et des frais de protest. J'accepte la traite de 7205 francs de Robert, sur moi, c'est comme si je faisois un billet à son ordre; donc, le compte de billets à payer doit être crédité (58) de 7205 fr. Ce que Bray doit au-delà de cette somme, est pour moi un pur bénéfice; car, ne remboursant, pour la lettre dont il s'agit, que 7205 francs, tandis qu'on me rembourse 7445, l'excédent est un pur bénéfice de 240 fr.; donc, profits et pertes doivent en etre crédités.] J'écris : (424).

Nota. Ce bénéfice n'est autre chose que la restitution de la perte que j'ai faite lorsque j'ai remis la lettre dont s'agit à Thomson, pour compte de Robert (93).

Du 13 *Frimaire.*

112. La lettre de change que Robert m'a fournie sur Williams, de Londres, ayant été protestée faute d'acceptation, je l'ai renvoyée audit Robert; et j'ai tiré une

lettre sur lui, à vue, ordre de Magnac, qui m'en a compté la valeur, sous la déduction d'un escompte de un pour cent.

J'ai tiré cette lettre sur ledit Robert, pour la valeur de ce qui suit :

1.° Pour la valeur de celle que je lui renvoie, et dont les fonds m'ont été remboursés par Magnac, ci 12000 fr.

2.° Pour l'escompte à un pour cent, gagné par Magnac, sur la somme ci-dessus...... 120

3.° Pour les frais de protest et ports de lettres, qui m'ont été remboursés par Magnac..... 5

MONTANT de la lettre tirée sur Robert. 12125 fr.

[Magnac retenant 120 francs d'escompte sur la traite ci-dessus, je ne reçois en écus que 12005 francs ; la caisse doit donc être débitée de cette somme. Je renvoie à Robert la lettre de 12000 francs qu'il m'avoit fournie sur Williams ; donc, le compte de billets à recevoir doit être crédité de cette somme ; j'ai payé en argent les 5 fr. de frais et de protest ; donc, la caisse doit être créditée.] J'écris : (425).

113. Quant aux articles que les teneurs de livres appèlent des divers à divers, parce qu'il y a plusieurs débiteurs et plusieurs créanciers, ils ne sont pas plus difficiles à passer que les autres ; il ne s'agit que d'examiner quels sont les comptes qui reçoivent pour les débiter, et quels sont ceux qui fournissent pour les créditer.

EXEMPLES.

Du 14 Frimaire.

114. Les suivans m'ont fourni ce qui suit en payement de ce qu'ils me doivent par compte :

Paul, son billet, à mon ordre, à 2 mois.	1000 fr.
Dupré, mon billet, ordre de Pierre, à 15 jours..................................	3000 fr.
Jean, un tonneau vin, à 1400 fr. le tonn..	1400
Dupui m'a compté sur l'escompte de 3 pour cent..................................	1600
	7000 fr.

[Je reçois un billet à recevoir, un billet à payer, des marchandises, de l'argent, et je fais une perte (47); donc, les cinq comptes généraux doivent être débités; Paul, Dupré, Jean et Dupui fournissent ce que je reçois, et doivent être crédités.] J'écris : (426).

Du 15 Frimaire.

115. Bonnafous m'a fait un billet de 10000 francs, à 6 mois, en payement d'un billet de pareille somme, que j'ai fait ce jour à son ordre, et payable à la même époque.

Il m'a en outre payé 100 francs en argent, pour lui avoir prêté ainsi ma signature.

[Je reçois le billet de Bonnafous et de l'argent; donc, le compte de billets à recevoir et celui de caisse, doivent être débités. Je donne mon billet et je fais un bénéfice; car les 100 francs que Bonnafous me paye, outre la valeur de mon billet, sont un bénéfice; donc, le compte de billets à payer et celui de profits et pertes, doivent être crédités.] J'écris : (427).

116. Les divers à divers, ne présentent donc aucune difficulté : il ne s'agit que de débiter les débiteurs les uns après les autres, sans faire aucune mention des créanciers ; et que de créditer ensuite les créanciers les uns après les autres (114), (115). Le montant de ce que doivent les débiteurs, étant égal au montant de ce qui est dû aux créanciers, il est facile de juger que l'article est bien passé.

Les divers à divers, sont des articles qui en renferment plusieurs en un seul.

117. Voilà un exemple de chaque sorte de recettes et payemens ordinaires. Néanmoins on peut recevoir et donner en payement des meubles, des immeubles, des intérêts sur tel ou tel effet, etc ; Mais on sent qu'il ne s'agit pas ici de multiplier les exemples, et que ceux déjà donnés suffisent pour guider dans tous les autres cas ; puisque de règle générale, il ne s'agit que de débiter celui qui reçoit son payement, et de créditer les comptes des objets que l'on fournit en payement. Egalement qu'il faut toujours créditer la personne qui paye ce qu'elle doit, et débiter les comptes des objets que l'on reçoit ; ce qui n'est autre chose que l'application constante du principe unique déjà donné (28).

EXEMPLES
DE LA MANIÈRE DE PASSER ÉCRITURE DES PROFITS ET DES PERTES.

Du 16 Frimaire.

118. J'ai vendu pour 60000 francs de marchandises,

appartenant à Dupui, et qui lui ont été payées; sur laquelle vente, il m'a payé lui-même, comptant, une commission de 2 pour cent, montant à, ci.. 1200 fr.

[Ici je vois que la vente des marchandises de Dupui ne me regarde que parce que je reçois de l'argent pour ma commission; donc, la caisse doit être débitée; et que j'ai fait un profit de 1200 francs, ou que je gagne une commission de 1200 fr.; donc, le compte de profits et pertes, doit être crédité.] J'écris : (428).

Si Dupui m'eût payé cette commission en ses billets, ce seroit le compte de billets à recevoir qui auroit dû être débité; s'il m'eût payé avec un de mes billets, ce seroit le compte de billets à payer; ou si c'eût été en marchandises, il auroit fallu débiter le compte de marchandises générales, etc.

Voyez pour les commissions que je paye moi-même (88).

Du 17 Frimaire.

119. Jaure m'a fait son billet de 4000 francs, à 6 mois, en payement de la prime de 10 pour cent de la somme de 40000 fr. que je lui ai assurée sur le navire le César, ci.......................... 4000 fr.

[Je reçois un billet; donc, le compte de billets à recevoir doit être débité, et celui de profits et pertes doit être crédité de la prime que je gagne.] J'écris : (429).

Pour les primes que je paye moi-même, voyez (87).

Du 18 Frimaire.

120. Le navire le César s'étant perdu, j'ai payé à Jaure les 40000 francs que je lui avois assurés.

[Ici la caisse doit être créditée de l'argent que je donne, et les profits et pertes doivent être débités de cette perte.] J'écris : (430).

Pour les marchandises que j'ai fait assurer, qui sont perdues et que l'on me paye, voyez (90).

Du 19 Frimaire.

121. J'ai gagné 20000 francs, compté à la loterie ou au jeu, ou bien j'ai hérité de cette somme, ou on me la donnée, etc.

[Caisse reçoit et doit être débitée. Ce que j'ai gagné à la loterie, ou ce dont j'ai hérité, ou enfin ce qu'on m'a donné, est un bénéfice; donc, profits et pertes doivent être crédités.] J'écris : (431).

Du 20 Frimaire.

122. J'ai perdu ou on m'a volé, etc. 20000 francs en argent.

[Profits et pertes doivent être débités de cette perte. Caisse en fournit le montant.] J'écris : (432).

Si j'eusse perdu ou gagné autre chose que de l'argent, le compte qui auroit fourni ce que j'aurois perdu, devroit être crédité, et le compte qui auroit reçu ce que j'aurois gagné, auroit dû être débité.

Dudit.

123. J'ai dépensé 3000 francs en argent, pendant les 8 mois derniers.

[Ma dépense est une perte dont les profits et pertes doivent être débités, et la caisse doit être créditée.] J'écris : (433).

Du 21 Frimaire.

124. J'ai reçu 1000 francs pour la pension de mon apprentif, qui mange chez moi.

[Caisse qui reçoit doit à profits et pertes; car cette pension est pour moi un pur bénéfice.] J'écris : (434).

125. Néanmois, il est bon de prévenir ici que la plupart des négocians, au lieu de tenir un compte de

profits et pertes seulement, en tiennent un pour chaque espèce de perte ou de bénéfice en particulier; comme pour les commissions, assurances, dépenses, etc, ce qui ne change rien à la manière de passer les articles. Dans ce cas, il ne s'agit que de créditer le compte de commision, celui d'assurance, etc., lorsque l'on gagne une commission, ou une prime d'assurance, etc.; en un mot, il ne s'agit que de débiter ou créditer le compte ouvert au genre de profits et de pertes que l'on fait, comme l'on auroit débité ou crédité celui de profits et pertes.

On traitera de ces comptes ailleurs en particulier. Bornons ici nos exemples simples, et observons que dans aucun cas, le principe ne souffre aucune exception, c'est-à-dire, que :

226. La personne qui reçoit ou le compte de l'objet que l'on reçoit, doit toujours à la personne qui donne ou au compte de l'objet que l'on donne.

DU GRAND LIVRE.

127. AYANT enseigné à passer les articles au journal, qui n'est que la copie au net du brouillard; il reste à enseigner la manière de les rapporter au grand livre.

On y ouvre, en premier lieu, un compte à chaque objet qui est débité ou crédité au journal.

Par exemple, les cinq comptes généraux étant débités ou crédités au journal; de même que Pierre, Jean, Guillaume, etc.; on ouvre les cinq comptes généraux par débit et par crédit au grand livre, et on y en ouvre également un à Pierre, ainsi qu'à Jean, et qu'à Guillaume, etc.

Enfin, à mesure que l'on passe ensuite les articles au journal, et que l'on y débite ou crédite de nouveaux débiteurs

débiteurs ou créanciers, on leur ouvre des comptes au grand livre.

Manière d'ouvrir les comptes au Grand-Livre.

128. Chaque folio du grand-livre est composé de deux pages de front ou de regard ; c'est-à-dire, l'une à côté de l'autre : savoir ; l'une à gauche, et l'autre à droite. Pour y ouvrir un compte, on écrit en gros, sur la page à main gauche, le nom de la personne ou de l'objet pour lequel on veut avoir un compte ; et en tête de cette même page, on écrit le mot *doit*, pour indiquer que l'on y rapportera tous les articles dont ce compte est débité au journal. On écrit également en gros le mot *avoir*, en tête de la page à droite de ce même compte, pour indiquer que l'on y rapportera tous les articles dont il est crédité au journal

129. Préparer ainsi un compte (128) pour une personne ou pour un objet quelconque, c'est ce qu'on appelle ouvrir un compte à cette personne ou à cet objet. Voyez le modèle de celui de Robertson, f.º 6 du grand-livre, pour vous faire une idée de la manière dont tous les comptes y sont ouverts.

130. Chaque compte étant ainsi préparé et bien distingué par son nom particulier, il ne reste plus qu'à y rapporter tous les articles dont il est débiteur ou créancier, au journal sur lequel il y a des préparatifs à faire, avant d'effectuer le rapport.

Préparatifs qu'il faut faire aux articles du Journal, avant de les rapporter au Grand-Livre.

131. Avant de rapporter un article du journal au

grand-livre, on met dans la marge de cet article du journal, devant le nom de l'individu ou de l'objet qui est débité, le numéro du folio du grand-livre, sur lequel le compte de ce débiteur est ouvert; on tire ensuite un petit trait de plume sous ce numéro, et on place au-dessous, celui du folio sur lequel le compte du créancier est ouvert.

Voyez folio 1 du journal, le premier article, en date du premier Vendémiaire. Le numéro 1, placé en marge au-dessus du petit trait de plume, est celui du folio du grand-livre, sur lequel le compte de marchandises générales est ouvert; et le numéro 11, placé au-dessous, est celui du folio du grand-livre, sur lequel le compte de Pierre est ouvert. Ainsi, le folio du débiteur est dessus, et celui du créancier, est dessous le petit trait de plume.

Voyez les folio 1 et 11 du grand livre, vous y trouverez, en effet, les comptes de marchandises générales, et de Pierre.

132. Lorsqu'il y a un seul débiteur, et plusieurs créanciers dans un article, il faut mettre le numéro du folio du débiteur, devant le nom de ce débiteur, avec un petit trait de plume au-dessous, et mettre ensuite le numéro du folio de chaque créancier, devant chaque créancier. Voyez au journal l'article, (369).

133. Lorsqu'il y a plusieurs débiteurs et un seul créancier, il faut mettre le folio de chaque débiteur, devant chaque débiteur, et faire un petit trait de plume sous le dernier débiteur; ensuite, il faut mettre le folio du créancier, sous ce trait de plume. Voyez au journal, l'article (370).

134. Enfin, lorsqu'il y a plusieurs débiteurs et plusieurs créanciers, ou pour un divers à divers; il faut mettre le

folio de chaque débiteur, devant chaque débiteur, observant de faire un petit trait de plume sous le dernier; et mettre ensuite le folio de chaque créancier devant chaque créancier. Voyez au journal l'article, (426).

135. Chacun de ces numéros est mis dans la marge du journal, pour indiquer le folio du grand livre, sur lequel le compte de chaque débiteur et de chaque créancier, est ouvert.

Ils sont encore très-utiles parce que lorsque la somme due par le débiteur est portée au débit de son compte au grand livre, on fait un point à côté du numéro du folio, de ce même compte dans la marge du journal, pour marquer qu'elle est rapportée. Et après avoir rapporté au crédit d'un compte, la somme dont il est crédité au journal, on fait aussi un point à côté de son folio.

136. Enfin, parce qu'ils servent à vérifier, à la fin de l'année, si tous les articles du journal sont bien rapportés au grand livre. Alors une personne nomme chaque débiteur et chaque créancier du journal, et y marque d'un point le numéro du folio de chacun de ceux dont une autre personne trouve le débit ou le crédit bien rapportés au grand livre; sur lequel elle fait également un point devant chaque article: *c'est ce qu'on appelle pointer les livres.*

OBSERVATIONS.

137. Comme chaque article du journal contient le débiteur et le créancier de la somme pour laquelle il est passé, on ne peut rapporter cette somme au débit du compte ouvert au débiteur, sans la rapporter au crédit du compte ouvert au créancier.

Il n'y a donc pas non plus de débiteur sans créancier au grand livre, et de règle générale.

138. Si on porte une somme au débit d'un compte au grand livre, il faut porter la même somme au crédit d'un autre.

139. Pour rapporter chaque article du journal au grand livre, il faut donc porter au débit de chacun des comptes qu'on y a ouvert, la somme dont chacun d'eux est débité dans l'article du journal que l'on rapporte; et à leur crédit, toutes celles dont chacun d'eux y est crédité.

La seule difficulté de cette opération, consiste dans l'arrangement des diverses parties des articles que l'on rapporte.

Manière de rapporter au Grand Livre, et d'y arranger les diverses parties d'un article.

140. Pour porter au débit ou au crédit d'un compte, au grand livre la somme dont il est débité ou crédité au journal et ses diverses parties, il faut :

1.° Placer la date; savoir : l'année et le mois en marge; et le quantième du jour, entre les deux lignes qui touchent la marge;

2.° Mettre au débit, après la marge, le nom du compte à qui le débiteur doit, précédé de la lettre *a*; ou, si c'est au crédit, mettre le nom du débiteur de la somme que l'on rapporte, précédé du mot *par*;

3.° Exprimer brièvement et sur la même ligne, pourquoi on débite ou on crédite le compte sur lequel on écrit;

4.° Mettre dans la première colonne qui est au bout

de la ligne que l'on écrit, le numéro du folio du journal sur lequel l'article que l'on rapporte est établi ;

5.° Mettre dans la colonne suivante, le folio du grand livre sur lequel se trouve le compte dont on a écrit le nom au commencement de la ligne ;

6°. Enfin, mettre la somme à l'extrémité de la ligne, dans la colonne des livres, sous et deniers, ou des francs et centimes.

Telle est la manière de disposer les diverses parties d'un article du journal que l'on rapporte, tant au débit qu'au crédit des comptes quelconques du grand livre.

141. La chose essentielle, est de bien rapporter au débit du compte ouvert à chaque débiteur, sur le grand livre, la somme dont il est débité au journal ; et de ne pas oublier de porter ensuite au crédit du compte ouvert à chaque créancier, la somme dont il est aussi crédité au journal.

EXEMPLE

De la manière de rapporter un article du Journal, dans toutes ses parties, au Grand-Livre.

Premier Vendémiaire an 10.

MARCHANDISES GÉNÉRALES à PIERRE, 3000 fr., pour 10 tonneaux vin rouge achetés à Pierre, au prix de 300 fr. le tonneau, payable dans le courant, ci.. 3000 fr.

Pour rapporter cet article du journal au grand livre, ouvrez d'abord un compte à marchandises générales, au grand livre, et rapportez cet article sur ce compte au débit sur la page à gauche, comme ci-après :

EXEMPLE

Du débit du compte de Marchandises Générales.

An 10,	(1.°)	MARCHANDISES GÉNÉRALES. (2.°) (3.°)	(4.°)	(5.°)	DOIVENT. (6.°)
Vendém.	1	A Pierre, p. 10 t. vin qu'il m'a vend.	1	11	3000 fr.

Ouvrez ensuite un compte à Pierre, au grand livre, et rapportez cet article au crédit de ce compte, sur la page à droite.

EXEMPLE

Du crédit du compte de Pierre.

An 10,	(1.°)	AVOIR. (2.°) (3.°)	(4.°)	(5.°)	(6.°)
Vendém.	1	Par marchand. général., p. 10 t. vin.	1	11	3000 fr.

Voyez folio 1 du grand livre, le premier article rapporté au débit du compte général de marchandises générales, et folio 11 aussi du grand livre, le premier article rapporté au crédit de Pierre, à la date du premier Vendémiaire an 10.

742. Pour chacun des articles passés au journal, voyez les folios du grand livre, indiqués par les numéros placés dans la marge de chacun de ces mêmes articles. Vous trouverez sur ces folios au grand livre, les comptes des débiteurs et des créanciers, indiqués par les numéros placés dans la marge du journal, et vous trouverez au débit de chacun de ces comptes, les sommes dont ils sont débités au journal, ou au crédit les sommes dont ils y sont crédités.

En outre de ce que les numéros placés dans la marge du journal, vous feront trouver aisément les comptes des débiteurs et des créanciers dans le grand livre, sur les folios indiqués par ces mêmes numéros, et de ce que les numéros placés au-dessus du petit trait de plume, vous feront distinguer les comptes des débiteurs de ceux ouverts aux créanciers, attendu que les numéros qui indiquent les folios du grand livre sur lesquels on trouve ces derniers, sont placés au journal au-dessous de ce même petit trait de plume, *la date de chaque article du journal vous fera encore reconnoître le débit de ce même article sur la page gauche du compte du débiteur au grand livre, parce que ce débit y est rapporté à la même date; et vous fera également reconnoître le crédit, à la page à droite du créancier, parce que ce crédit y est aussi rapporté à la même date.*

Par exemple, pour reconnoître si le débit et le crédit du second article du journal, (358) sont exactement rapportés au grand livre, voyez le folio 1 de ce dernier registre, vous y trouverez le compte de marchandises générales, et vous trouverez au débit de ce compte, à la date du 2 Vendémiaire, l'article dont le compte de marchandises générales est débité sous la même date au journal. Voyez également le folio 9 du grand livre, vous y trouverez le compte de Dupré, et vous trouverez au crédit de ce compte, l'article dont Dupré est crédité au journal, sous la même date.

Il en est de même de tous les autres articles du journal, qui sont rapportés au grand livre.

143. L'utilité du grand livre doit être facile à reconnoître. Les différentes personnes avec lesquelles un négociant fait des affaires, sont débitées et créditées dans divers endroits du journal, par ordre de date; c'est-à-dire, jour par jour, à mesure que les affaires qu'il fait avec elles, ont lieu. Les comptes des divers objets dont il fait le commerce, sont également débités et crédités à la date de chacun des jours où il reçoit et où il fournit ces mêmes objets. Il en résulte que les différens articles qui lui sont dûs par ses débiteurs, et ceux qu'il doit à ses créanciers, sont confondus au journal, ainsi que les différens objets qu'il a fournis et reçus.

Il est donc nécessaire que ce négociant ouvre un compte par débit et par crédit, sur un autre livre, à chacun de ses débiteurs et de ses créanciers, ainsi qu'à chacun des divers objets dont il fait le commerce, afin qu'il puisse voir en particulier ce qui lui est dû par chaque personne avec laquelle il a fait des affaires, et ce qu'il leur doit lui-même, ainsi que tout ce qu'il a reçu et fourni de chaque sorte d'objets.

CONCLUSION.

Au reste, ce que je dis ici du grand livre n'est que pour en donner l'idée. On sait qu'il faut quelquefois des volumes entiers pour expliquer une opération mécanique, facile en elle-même. Cela est sur-tout vrai, quant au livre dont je viens de parler; car, beaucoup de personnes qui ne savent pas tenir les écritures en double partie, savent rapporter les articles du journal au grand livre, parce qu'il n'y a, en effet, rien de plus facile à exécuter. L'explication de cette opération entraîne cependant dans des détails très-minutieux.

Je ne m'y arrêterai pas plus long-temps, parce qu'une personne qui ne pourroit pas rapporter au grand livre, d'après les renseignemens que je viens de donner, pourroit l'apprendre, en un instant, du moindre teneur de livres; et qu'il s'agit moins dans un précis tel que celui-ci de ces opérations de détail, à la portée de tout le monde, que de l'essentiel de l'art de la tenue des livres; qui consiste uniquement à savoir trouver les débiteurs et les créanciers, de tous les articles possibles, et à les bien passer au journal.

C'est donc ce dernier livre, qui est la base de tous les autres, qui exige seul des principes, de la réflexion et de l'exercice, pour être tenu comme il faut. Si on a bien entendu ce que j'en ai dit et les principes que j'ai posés, le moindre usage, pouvant faire acquérir la connoissance des autres, j'aurai atteint le but que je me suis proposé.

LA TENUE DES LIVRES RENDUE FACILE.

SECONDE PARTIE.

Des comptes généraux ou impersonnels, de ceux en participation et à doubles colonnes, de la manière de commencer des livres et d'en solder tous les comptes.

144. Les principes exposés dans la première partie de cet ouvrage, et la connoissance des cinq comptes généraux, dont l'usage y est indiqué, suffisent pour qu'on tienne les livres en double partie avec la plus grande facilité, lorsqu'on n'a pas de comptes à rendre sur l'une des branches particulières du commerce que l'on fait.

145. Lorsque l'on a un compte à rendre en particulier, sur l'une des sortes d'objets dont on fait le commerce, ou sur une espèce particulière de pertes ou de bénéfices, et ., on ouvre un compte à cette sorte d'objets, ou à cette espèce de pertes ou de bénéfices, sous

une dénomination propre à le distinguer des autres. Il en résulte qu'outre les cinq comptes généraux dont l'usage est indispensable, on peut en ouvrir d'autant de dénominations que l'on peut former de classes différentes d'objets commerçables.

146. Mais comme toutes les sortes d'objets commerçables sont renfermées dans les cinq classes générales, dont chacune a un compte ouvert, les comptes que l'on peut ouvrir à chaque sorte d'objets en particulier, tiennent tous de la nature des cinq comptes généraux.

Il suffit donc d'avoir une idée exacte de ces derniers, pour avoir celle de tous les autres.

147. Les comptes ouverts aux cinq classes générales d'objets dont on fait le commerce, et ceux que l'on peut ouvrir au besoin à certaines sortes d'objets en particulier, peuvent également être nommés comptes *généraux* ou *impersonnels* (*a*).

148. Les comptes généraux ou impersonnels, sont des comptes ouverts à toutes les propriétés du négociant dont on tient les livres, et à toutes les particularités de ses affaires : ils le représentent et ne concernent que ce qui lui est particulier.

Le nombre ne peut en être déterminé, parce qu'il est plus ou moins grand, selon les distinctions que l'on veut faire des divers objets que l'on possède et des diverses circonstances du commerce que l'on fait. Mais,

---

(*a*) Ils peuvent être nommés comptes généraux, comme étant ouverts, chacun pour tous les objets d'une même espèce; impersonnels, comme étant ouverts chacun pour l'une de sortes d'objets dont on fait le commerce, et non pour une des personnes avec lesquelles on fait des affaires.

dans tous les cas, l'usage en indique assez la nécessité; et il suffit d'en connoître quelques-uns, pour se faire une idée de tous ceux que l'on peut créer au besoin.

Il y en a de cinq espèces principales, parce qu'ils sont tous relatifs à chacun des cinq comptes généraux dont nous avons déjà parlé, ou plutôt parce qu'ils n'en sont que des branches ou subdivisions, comme on va le voir; excepté ceux de capital, de balance, et ceux qui leur sont relatifs, dont il sera traité en particulier.

Première espèce des Comptes Généraux, ou subdivisions du compte de marchandises générales.

149. 1.° Celui de marchandises générales;

2.° Celui de sucres, cafés, vins, etc.; car, on peut ouvrir un compte particulier à chaque espèce de marchandises, si l'on veut; en observant, dans ce cas, de débiter l'un de ces comptes, au lieu de celui de marchandises générales, chaque fois que l'on reçoit de la marchandise dont il porte le nom; et de le créditer chaque fois que l'on en vend, comme l'on débiteroit ou créditeroit les marchandises générales;

3.° Ceux de fabrique et des frais de fabrication;

4.° Ceux de cargaison sur tel ou tel navire;

5.° Ceux de marchandises en société;

6.° Ceux de marchandises en commission, chez tel ou chez tels, ou de pacotille, de foires, etc.

7.° Ceux de meubles et immeubles; mais ces derniers seront rangés dans une sixième classe de comptes dont il sera traité après ceux de profits et pertes.

Des Comptes de Fabrique et frais de Fabrication.

150. Lorsqu'on fabrique un genre de marchandises quelconque, on ouvre un compte à la fabrique de toiles, draps, chapeaux, ou soiries, etc.

1.° On débite ce compte de l'achat des matières premières, des ustensiles, des loyers, des réparations, des journées d'ouvriers, des appointemens de commis, intérêts de fonds empruntés, et généralement de tous les débours occasionnés par la fabrique ;

2.° On le crédite de la valeur de tous les objets fabriqués et des ustensiles, lorsqu'on les vend ; et lorsque tout est vendu, on solde par profits et pertes.

On peut tenir en particulier un compte de frais de fabrication ; il doit être débité de tous les frais de ce genre pour en connoître le montant en particulier.

On le solde par le compte de fabrique à la fin de l'année.

C'est-à-dire, on débite la fabrique, et on crédite le compte de frais de fabrication de tous les frais de l'année.

Du Compte de Cargaison de tel navire.

151. On ouvre un compte à la cargaison, que l'on débite de tout ce que coûtent les marchandises qui la composent, ainsi que des frais qu'elles occasionnent, du fret ou du prix de leur transport ; et on crédite ce compte de la valeur du retour, ou du produit de la vente qui en est faite. On le solde par profits et pertes.

Des Comptes de Marchandises en société.

152. Il y a trois cas à distinguer pour bien tenir cette sorte de compte.

PREMIER CAS.

QUAND on est chargé de l'achat et de la vente, on ouvre un compte à marchandises en société avec tel ou tels, en exprimant, après leurs noms, dans l'intitulé, si c'est de compte à demi ou à tiers, etc. En suite :

1.° On débite l'associé ou les associés, chacun pour leur portion de l'achat; et on crédite le créancier ordinaire, comme caisse, si on a payé comptant, ou lettres ou billets, si on a fourni du papier, etc. (*a*);

2.° Pour notre portion de l'achat, nous débitons marchandises en société avec tel ou tels, envers le créancier ordinaire;

3.° Pour la totalité des frais, nous débitons marchandises en société;

4.° Nous créditons marchandises en société du produit de toutes les ventes;

5.° Et quand elles sont finies, nous débitons marchandises en société de notre commisson, qui se prend tant sur le produit total de la vente que sur les frais;

(*a*) Dans tous les articles suivans, nous ne parlerons plus que du débiteur, sans faire mention du créancier; ou lorsque nous parlerons de ce dernier, nous ne ferons aucune mention du débiteur; parce que lorsque nous désignons l'un des deux seulement, nous entendons qu'il faut débiter ou créditer le débiteur ou le créancier ordinaire, ce qui se trouve naturellement, d'après les principes déjà donnés.

6.° Nous débitons marchandises en société envers notre associé, ou chacun de nos associés pour leur portion du net produit de la vente, qui n'est autre chose que le produit de cette vente dont a soustrait la commission et les frais ;

7.° Et enfin, pour notre portion de notre bénéfice ou de la perte, nous soldons le compte de marchandises en société par profits et pertes; car, l'excédent du débit sur le crédit, est notre perte particulière ; et celui du crédit sur le débit, notre bénéfice (*a*).

SECOND CAS.

153. Lorsqu'on est chargé de l'achat et non de la vente,

1.° On débite chaque associé, pour sa part de l'achat et des frais ;

2.° Marchandises en société pour la nôtre ;

3.° Quand celui qui est chargé de la vente (soit notre associé ou tout autre), nous apprend ce qu'elle a produit ; nous le débitons pour notre portion, dont nous créditons les marchandises en société, et nous en soldons le compte par profits et pertes ;

4.° Quand la personne chargée de la vente ne connoît

(*a*) En effet, si ce que j'ai donné à chaque associé, pour sa portion du net produit de la vente, et ce que j'ai payé pour les frais, ce que j'ai dû retenir pour ma commission, avec ce que j'ai compté pour ma portion de l'achat, surpasse le crédit des marchandises en société, qui est chargé de la totalité de ces marchandises vendues, il est évident que l'excédent ne peut être autre chose que ma portion de la perte. Si, au contraire, le produit de la marchandise excède tous les articles ci-dessus détaillés, qui composent le débit des marchandises en société, l'excédent ne peut être que mon bénéfice.

que nous, et que nous sommes chargés d'en rendre compte à nos associés, nous débitons cette personne envers chacun de nos associés, pour leur portion du net produit dont nous les créditons.

Quand nous sommes chargés seulement de la vente, il faut passer les écritures comme pour le premier cas (152), à l'exception de la commission qui ne nous est pas dûe.

TROISIÈME CAS.

154. Quand on ne fait ni l'achat ni la vente,

1.° On débite marchandises en société, pour notre portion de ce qu'elles coûtent, dont on crédite le créancier naturel;

2.° Quand on nous en apprend la vente, nous créditons ce compte pour notre portion du net produit, dont nous débitons le débiteur naturel, et nous soldons toujours par profits et pertes.

Tels sont tous les cas possibles des marchandises en société.

Au reste, plusieurs négocians se contentent de tenir des comptes courans sur un livre particulier pour ces sortes d'achats et de ventes. Ils les passent par marchandises générales comme les autres; et ce n'est que lorsque les ventes sont consommées, qu'ils débitent ou créditent leurs associés pour solde de ces sortes d'opérations, pendant la durée desquelles ils les débitent ou ou les créditent, d'ailleurs, de la manière accoutumée, selon qu'ils leur fournissent quelque chose ou qu'ils en reçoivent un objet quelconque.

Cette dernière méthode supprime beaucoup de comptes particuliers au grand livre; mais elle oblige à tenir des comptes courans, sans lesquels on ne pourroit pas rendre

au

un compte détaillé aux différens associés, ce qui revient, à-peu-près, au même travail.

Compte des Marchandises en Commission, ou chez tel ou tels.

155. QUAND nous envoyons des marchandises chez un de nos correspondans, chargé de les vendre pour notre compte, nous ouvrons un compte intitulé indifféremment : *Marchandises chez un tel*, ou ce qui revient au même : *Un tel, mon compte*,

1.° Nous débitons ce compte du prix coûtant et des frais des marchandises envoyées;

2.° Lorsqu'elles sont vendues, nous les créditons du net produit, et opérons la solde par profits et pertes.

156. Quand un de nos correspondans nous envoie des marchandises à vendre, pour son compte, nous lui ouvrons un compte particulier, intitulé indifféremment : *Un tel, son compte*, ou *marchandises d'un tel*, etc.

Compte de Pacotille.

157. ON tient ce compte comme celui de marchandises en commission ou chez tel, ou tels (155).

158. On tient le compte de pacotille en société, comme celui des marchandises en société (153).

Du Compte de telle foire.

159. LORSQU'ON envoie des marchandises dans une foire, on peut ouvrir un compte à cette foire.

1.° Ce compte doit être débité de la valeur des marchandises qu'on envoie en foire, des frais de transport et de voyage, etc.;

2.° Et crédité de tous les produits des marchandises vendues, et de la valeur de toutes celles invendues.

On le solde ensuite par profits et pertes.

Tous les comptes ci-dessus, et tous ceux que l'on pourroit ouvrir encore sous différentes dénominations pour distinguer certaines espèces de marchandises, n'étant que des subdivisions du compte des marchandises générales, on débitera et on créditera chacun de ces comptes comme on eût débité ou crédité celui des marchandises générales, si les premiers n'étoient point ouverts.

160. *Seconde espèce des comptes généraux ou subdivision du compte de caisse.*

Caisse, { Argent, Effets à vue, Papier-monnoie. } On ne se sert guère que du compte de caisse.

161. *Troisième espèce des comptes généraux, ou subdivision des lettres et billets à recevoir :*

1.° Celui des lettres et billets à recevoir ;
2.° Celui des traites et remises ;
3.° Celui des lettres ou billets de change ;
4.° Des billets de primes, mandats, etc.
5.° Celui des contrats de rentes constituées à recevoir ;
6.° Celui des contrats de grosse aventure à recevoir.

Du Compte des traites et remises.

162. On ne tenoit autrefois qu'un seul compte pour les traites et remises. On créditoit ce compte de toutes

les traites que l'on acceptoit, et on le débitoit lorsqu'on les retiroit après les avoir acquittées. On le débitoit de toutes les remises que l'on recevoit et on le créditoit lorsqu'on les négocioient; il en résultoit que les traites et remises étoient pêle et mêle; de là, le nom distinctif de ce compte : mais il faut tenir séparément un compte de *traites*, et un compte de *remises*, ou passer les *traites* par lettres et billets à payer.

Quelques personnes ne tiennent en particulier que le compte de remises, mais lui donnent improprement le nom de *traites et remises.*

Du Compte des remises.

163. Lorsqu'on fait le commerce des lettres de change, et qu'on veut en voir les pertes ou les bénéfices en particulier, on ouvre un compte sous le titre *de remises* aux lettres de change que l'on reçoit et que l'on négocie ; et ce compte doit être :

1.° Débité du prix coûtant de toutes les lettres de change que l'on reçoit des divers correspondans qui font des remises ;

2.° Crédité du prix que l'on retire de toutes celles que l'on négocie ou fournit ;

3.° Et lorsque toutes les lettres ou remises sont négociées, on solde leur compte par profits et pertes, si on n'a pas d'associés ;

4.° Si on a des associés, on les débite chaçun de leur part, de la perte dont on crédite le compte des remises, ou on les crédite chacun de leur part des bénéfices dont on débite le même compte, que l'on solde ensuite par profits et pertes.

Quelques personnes font une double colonne à ce compte. Elles plaçent le prix coûtant de chaque lettre de change dans la colonne ordinaire du débit, et la somme énoncée dans chacune de ces lettres dans la colonne en dedans du débit, lorsque cette somme est en monnoie de France; mais lorsqu'elle est en monnoie étrangère, elles placent, dans la colonne en dedans, le prix coûtant de la lettre, en argent de France, comme dans la colonne en dehors; au crédit, elles placent le prix qu'elles retirent de chaque lettre, dans la colonne ordinaire; et dans la colonne en dedans, la somme énoncée dans cette lettre, si elle est en argent de France, ou le prix qu'elles en ont retiré en argent de France, si elle est en monnoie étrangères.

Ces doubles colonnes me paroissent inutiles. Mais, si on ne tient pas ces doubles colonnes, on est obligé d'attendre l'époque de la négociation de chaque remise, pour rapporter au débit du compte des remises le produit de ces remises, parce que ce compte doit être débité de la valeur de celles que l'on reçoit, et qu'elles n'ont d'autre valeur que ce qu'elles produisent lors de la négociation : ce quelles coûtent au négociant qui fait la remise, est distingué ailleurs (220).

164. Pour ne pas confondre les lettres de change ou les remises les unes avec les autres, on les distingue par des numéros de rencontre.

Par exemple : la première lettre de change que l'on porte au débit du compte des remises, est désigné par le n.° 1, ou est inscrite sous le n.° 1, et on place ce numéro dans la première colonne pratiquée au débit, au milieu de l'espace compris entre la date et la somme de la remise que l'on y rapporte; la seconde lettre est inscrite sous le n.° 2, la troisième sous le n.° 3, et ainsi de suite.

165. Lorsqu'on négocie l'une de ces remises, et qu'on

la porte au crédit, la première qu'on y porte est aussi inscrite sous le n.° 1, la seconde sous le n.° 2, la troisième sous le n.° 3, et ainsi de suite; et on place ces numéros dans la première des deux colonnes qui sont au milieu de l'espace compris entre la date et la somme de la remise que l'on y rapporte.

166. Les numéros de l'entrée et de la sortie étant ainsi placés, on met à côté du numéro d'entrée au débit, celui de la sortie de chaque lettre; et au crédit, on place de même à côté de chaque numéro de sortie celui de l'entrée.

Par ce moyen, il est aisé de voir que le numéro d'entrée de chaque lettre de change, est celui d'une lettre qui doit se trouver en porte-feuille, si ce numéro d'entrée n'est pas suivi de celui de la sortie de cette même lettre.

167. *Nota.* Ce qui est dit des numéros des remises (164), doit s'entendre dans le même sens des billets à recevoir, lors de leur entrée et de leur sortie; car, les remises que l'on nous fait sont des lettres de change dont nous devons recevoir le montant, c'est-à-dire, sont des effets à recevoir.

Voyez Folio 2 du grand livre, le compte de billets à recevoir, pour vous faire une idée de la manière dont les numéros d'entrée sont placés dans la première colonne du débit, et les numéros de sortie dans celle du crédit, et comment les numéros de rencontre ou de renvoi du débit au crédit et réciproquement, sont placés dans les secondes colonnes.

Du Compte de Lettres et Billets de change ou du Compte de change.

168. C'est, sous un autre nom, le même compte que celui des remises (163).

Du Compte des Contrats de Rentes constituées à recevoir.

169. LORSQUE l'on donne une somme à rentes constituées, le débiteur souscrit un contrat que l'on reçoit en retour. Alors :

1.° On débite le compte ouvert à contrats de rentes constituées à recevoir, du montant du contrat que l'on reçoit, comme on débite le compte des billets à recevoir, lorsqu'on reçoit un billet ;

2.° Quand on remet ce contrat, parce qu'on en reçoit le montant, on débite la caisse et on crédite le compte de contrats, etc., comme on crédite celui des billets à recevoir quand on reçoit le montant de l'un de ces billets que l'on remet acquitté ;

3.° On crédite encore ce compte des rentes, chaque fois qu'on les reçoit, et on le solde par profits et pertes.

170. Néanmoins, plusieurs personnes préfèrent débiter et créditer profits et pertes de ces rentes, comme de toutes les autres qu'elles payent ou reçoivent, et que l'on peut considérer comme un bénéfice quand on les reçoit, ou comme une perte quand on les paye, puisqu'il n'en doit rien revenir.

Contrats de grosses aventure à recevoir.

171. Ce compte sert à tenir note des contrats que l'on reçoit, pour les sommes que l'on prête à la grosse aventure, sur des vaisseaux ; et, comme ces contrats

contiennent ordinairement, non-seulement l'obligation de la somme prêtée, mais encore de l'intérêt convenu :

1.° On débite le compte des contrats de grosse aventure à recevoir, du capital de la somme prêtée et de l'intérêt qui est stipulé dans le contrat que l'on reçoit ; puisqu'on crédite la caisse de la somme prêtée et profits et pertes de l'intérêt, le regardant déjà comme acquis, puisqu'il est porté au contrat dont on doit passer écriture, comme d'un billet à recevoir.

2.° On crédite ce compte du produit du contrat, lorsqu'on est payé au retour du vaisseau, et on solde, s'il y a lieu, par profits et pertes.

172. En résumant ce qui précède, tous les billets, promesses ou contrats quelconques, dont on doit recevoir le montant, ne sont donc que des effets à recevoir, et on doit en passer écriture comme pour les billets à recevoir.

Ainsi, tous les comptes ci-dessus étant compris dans celui des billets à recevoir, et ne servant qu'à distinguer certaines espèces d'effets, on débitera donc l'un de ces comptes chaque fois que l'on recevra l'un des effets dont il porte le nom, et on le créditera lorsqu'on le mettra dehors, soit qu'on le négocie, qu'on le donne en payement, ou qu'on en reçoive le montant à son échéance ; en un mot, on opérera comme pour les billets à recevoir.

Quatrième espèce des Comptes généraux, qui n'est qu'une subdivision de Lettres et Billets à payer.

173. Il en existe d'autant d'espèces que de billets à recevoir ; et tout ce qui est dit des premiers, doit être entendu des autres dans un sens inverse ; c'est-à-dire,

que si on a des comptes différens pour chaque espèce d'effets à payer, on doit créditer l'un de ces comptes chaque fois que l'on donne un des effets dont il porte le nom; et le débiter chaque fois qu'on le reçoit, après l'avoir acquitté ou tout autrement.

Nous avons donc aussi :

1.° Celui des billets à payer;

2.° Des traites;

3.° Des billets de change à payer;

4.° Des billets de prime, mandats, etc., à payer;

5.° Des contrats de rentes constituées à payer;

6. Des contrats de grosse aventure à payer.

Du Compte des Traites.

174. Ce compte doit être crédité du montant de toutes les traites que l'on accepte, et débité lorsqu'on retire ces mêmes traites après les avoir acquittées.

175. La première traite acceptée que l'on porte au crédit du compte des traites, se marque n.° 1, la seconde n.° 2; la troisième n.° 3, et ainsi de suite, comme : (165).

176. Lorsqu'on retire l'une de ces traites et qu'on la porte au débit du compte des traites, la première qu'on porte est inscrite sous le n.° 1, et on porte ce n.° 1 dans la première colonne du débit, la seconde sous le n.° 2, la troisième sous le n.° 3, et ainsi de suite (164).

177. Les numéros de l'entrée et de la sortie des traites étant ainsi placés, les uns au débit, les autres au crédit, on met à côté du numéro de sortie, au crédit, le numéro de l'entrée de chaque traite, qui se trouve portée au débit; et au débit, on met à côté du numéro d'entrée de chaque traite, celui de sa sortie ou de son rang d'inscription, dans la première colonne du crédit.

Par ce moyen, il est aisé de voir que les traites dont les numéros placés dans la première colonne ne sont pas suivis d'un autre numéro, restent encore en circulation, puisqu'il est évident qu'elles sont sorties et ne sont pas rentrées.

Ce qui est dit des numéros des traites, doit s'entendre dans le même sens de ceux des lettres et billets à payer lors de leur entrée et de leur sortie, car les traites ne sont autre chose que des billets à payer (*a*).

Voyez folio 3 du grand livre, le compte de billets à payer, pour vous faire une idée de la manière dont les numéros sont placés.

Contrats de Rentes constituées à payer.

178. On peut ouvrir ce compte quand on emprunte une somme à rentes constituées, et que l'on souscrit un contrat en faveur du prêteur.

1.° On débite la caisse et on crédite le compte de contrats de rentes à payer du montant du contrat que l'on a consenti, comme on créditeroit celui des billets à payer, si on avoit consenti un billet.

2.° Lorsqu'on retire ce contrat, après l'avoir acquitté, on débite contrats à payer, comme l'on débiteroit lettres et billets à payer, lorsqu'on acquitte un billet à payer.

Quant aux rentes que l'on paye, on les passe par profits et pertes.

(*a*) Les lettres de change que nos correspondans tirent sur nous, et que nous acceptons, sont ce que l'on appelle des traites. Mais, accepter une lettre tirée sur nous, c'est nous obliger à l'acquitter à son échéance. Les traites que nous acceptons, sont donc des effets à payer. (Voyez mon Traité de Change).

Contrats de grosses aventure à payer.

180. Lorsque l'on emprunte une somme à la grosse aventure, sur un vaisseau, on souscrit un contrat en faveur du prêteur, tant pour l'obligation du payement du principal que de l'intérêt convenu. Alors :

1.° L'on crédite le compte de contrats de grosse aventure à payer, tant du principal que des intérêts portés au contrat; puis on débite la caisse, de la somme que l'on reçoit, et le vaisseau, de l'intérêt convenu.

2.° Lorsqu'on acquitte le contrat au retour du vaisseau, on débite contrats de grosse aventure à payer, comme on débite les billets à payer lorsqu'on les acquitte, et l'on crédite la caisse.

3.° Si le vaisseau a péri, on débite toujours le compte de contrats de grosse aventure, du montant du contrat pour solde, et on en crédite le vaisseau dont la perte acquitte cette sorte de contrats, et en solde le compte.

Plusieurs négocians se contentent de créditer le prêteur et de le débiter lorsqu'ils le payent sans faire usage du compte ci-dessus; mais comme ils ne doivent réellement rien au prêteur, quand ils lui ont fait un contrat de grosse, et qu'ils ne doivent même le montant de ce contrat qu'au retour du vaisseau, puisqu'il est de nul effet, si le vaisseau périt, je crois la méthode que je viens d'indiquer préférable.

181. *Cinquième espèce des comptes, qui ne sont que des subdivisions, de celui de profits et pertes :*

1.° Celui de profits et pertes;

2.° De frais généraux;

3.° De dépenses ;
4.° D'assurances ;
5.° De commissions ;
6.° D'intérêts ;
7.° De change, jeu, rentes ;
8.° Celui de succession.

Tous ces comptes et cent autres encore que l'on pourroit nommer, ne sont autre chose, que des distinctions établies entre les différentes natures de bénéfices ou de pertes que l'on peut faire, et dont on veut voir le produit en particulier, lorsque l'on fait un grand nombre d'affaires relatives à chacun de ces comptes; au lieu que dans l'usage ordinaire, on en passe tous les articles par profits et pertes.

Du Compte de frais généraux.

182. On débite ce compte de tous les frais de comptoir, de magasin, et généralement de tous ceux que l'on fait, dont on crédite le créancier ordinaire; on le crédite, lorsqu'on est remboursé d'une partie de ces frais, et on le solde à la fin de l'année, par profits et pertes.

Du Compte de dépenses.

183. On débite ce compte de toutes les dépenses de maison que l'on fait, et on le crédite de celles dont on est remboursé, soit par un élève de comptoir, par un pensionnaire ou commenditaire qui payent pension; et on le solde à la fin, par profits et pertes.

Du Compte d'assurances.

184. Ce compte sert à voir, en particulier, ce qu'on

gagne où ce qu'on perd à assurer des vaisseaux ou tout autre chose.

On le crédite de tous les billets de prime, ou de tout ce que l'on reçoit pour les primes d'assurances gagnées, et on le débite de tout ce que l'on paye lorsque l'objet assuré est perdu. On le solde à la fin, par profit et pertes.

Du compte de commission.

185. Lorsque l'on fait la commission, on crédite ce compte de toutes celles que l'on gagne; on le débite des frais de voyage et de tous ceux qu'elles occasionnent : on le solde par profits et pertes.

Du compte d'intérêts.

186. Lorsque l'on prête des sommes à intérêt, on crédite le compte des intérêts que l'on reçoit, et on le débite de ceux que l'on paye : on le solde par profits et pertes.

Du compte de change.

187. Lorsqu'on a des intérêts sur les opérations de banque que l'on fait, et lorsqu'on veut en voir, en particulier, les pertes ou les bénéfices, on ouvre un compte de change.

1.° On le débite de toutes les pertes que l'on fait sur chaque lettre que l'on négocie, ou sur la totalité de celles qu'on a négociées dans l'année, et on crédite le compte des remises;

2.° On le crédite de tous les bénéfices dont on débite les remises; c'est-à-dire, on débite le compte de change, ou on le crédite du bénéfice net, ou de la perte des comptes de traites et remises, ou des lettres et billets à recevoir, et on le solde par profits et pertes.

Ce compte n'est pas d'un usage général, sur-tout, depuis l'usage des comptes à double colonnes. Souvent encore ce même compte est débité de toutes les lettres que l'on reçoit, et crédité lorsqu'on les négocie; c'est dès-lors, sous un autre nom, le même que celui des remises (163).

On ne finiroit pas si on vouloit détailler tous les comptes ouverts, sous différentes dénominations, et expliquer les divers usages que plusieurs individus leur attribuent, la plupart du temps arbitrairement.

Du compte de succession.

188. Lorsqu'on fait une succession, on peut en passer la valeur par profits et pertes, ou on peut ouvrir un compte à cette succession, et il faut:

1.° Créditer ce compte de tous les objets que l'on reçoit, provenans de la succession, de toutes les sommes dues par les débiteurs de cette même succession;

2.° Le débiter de tout ce que l'on débourse pour acquitter les charges de la succession, ainsi que de ce que la succession doit à différens créanciers; on solde ce compte par profits et pertes lorsque la liquidation est achevée.

Du compte de jeu.

189. S'il étoit possible qu'un négociant se fît une occupation du jeu, il pourroit lui ouvrir un compte, et le créditer de ses bénéfices, ainsi que le débiter de

ses pertes ; puis, le solder à la fin par profits et pertes. Mais on sent qu'il ne s'agit ici de cela, que pour l'exemple, et pour indiquer que l'on peut ouvrir un compte arbitrairement à chaque manière possible de perdre ou de gagner, quoiqu'elles soient toutes comprises dans le compte général de profits et pertes ; au reste, elles finissent toutes par y aboutir, puisqu'il sert à solder à la fin, tous ces comptes particuliers.

Compte de rentes.

190. Outre les comptes dont nous avons parlé pour les contrats de rentes, on en ouvre quelquefois un aux rentes mêmes ; alors on débite ce compte de toutes les rentes que l'on paye, qu'elle qu'en soit la nature, et on le crédite de toutes celles que l'on reçoit ; on le solde à la fin par profits et pertes : mais plus ordinairement on passe tous ces articles par profits et pertes.

Quant aux rentes viagères, ou quant aux sommes données ou prises à fonds perdu, le principal et les intérêts se passent également par profits et pertes, parce que tout ce qu'on reçoit en pareil cas, ne peut être regardé que comme un bénéfice, puisque l'on n'en doit rien rendre, et tout ce que l'on donne que comme une perte, puisqu'il n'en doit rien revenir.

Tels sont les divers comptes qui ne sont que des subdivisions de celui de profits et pertes.

191. On solde le compte de profits et pertes lui-même par capital (134), parce que les pertes qu'il présente après que l'on en a soustrait les bénéfices, diminuent d'autant le capital du négociant ; et que les profits dont on a soustrait les pertes l'augmentent.

192. Outre ces cinq classes générales de comptes, il y en a encore une sixième ; elle est composée des comptes

couverts à chacun des immeubles d'un négociant, et de ceux ouverts à ses meubles, et aux divers intérêts qu'il a dans des compagnies, etc.; et enfin, de ceux de capital et de balance.

Du Compte des Immeubles.

193. QUAND on achète une maison, une terre, une habitation, etc. on ouvre un compte à chacun de ces objets particuliers. Par exemple, à maison, dans une telle rue; à terre, en Saintonge, ou à habitation à la Guadeloupe, ajoutant à l'intitulé le nom propre de l'effet; et on débite le compte de la maison :

1.° De ce qu'elle a coûté;

2.° Des réparations et impositions;

3.° Et on le crédite des loyers ou revenus que l'on en retire, de même que de ce qu'elle produit quand on la vend.

Il en est de même de tous les autres comptes d'immeubles.

Du Compte d'Intérêt, ou Action sur un objet quelconque.

194. QUAND on prend un intérêt dans une compagnie ou sur un objet quelconque, on ouvre un compte à cet intérêt, sur tel objet, etc., ou dans telle compagnie, etc.

1.° On débite ce compte du prix de l'action ou intérêt;

2.° Des frais qu'elle occasionne;

3.° On le crédite des intérêts qu'elle procure, et de la somme capitale, quand on en reçoit le remboursement, ou quand on vend l'action;

4.° Puis on solde par profits et pertes.

Du compte de tel ou tel Vaisseau, et de ceux qui lui sont relatifs.

195. On ouvre un compte à chaque vaisseau que l'on achète; on le débite du montant de l'achat et des frais à chaque voyage; on le débite des frais d'armement, mise-hors, etc., et on le crédite du montant du fret, passagers, etc.; puis quand on vend le vaisseau, on crédite son compte du montant de la vente, et on le solde par profits et pertes.

Du Compte d'Armement de tel Navire.

196. On ouvre souvent un compte d'armement de tel navire à chaque voyage. On le débite des frais de l'armement, et on le crédite de ce qu'il produit, tant pour le fret, ou prix du transport des marchandises qu'il contient, que pour le prix du voyage des passagers. On le solde par profits et pertes.

Des Comptes en Banque.

197. LORSQU'ON dépose des fonds dans une banque pour y avoir un crédit ouvert, on établit un compte à cette banque, sous le nom de *Banque nationale de France*, ou de *Banque d'Amsterdam*, etc., et il faut le débiter :

1.° Des fonds déposés dans la banque pour laquelle ce même compte est ouvert, ou de l'action qu'on a prise dans cette banque;

2.° Des fonds que l'on nous assigne sur elle, c'est-à-dire, que l'on nous donne à recevoir d'elle;

3.° Et il faut le créditer des fonds que l'on retire

de

de la banque, ou que l'on assigne sur elle ; et du prix que l'on retire de l'action qu'on a dans cette banque, lorsqu'on vend cette même action. On le solde par profits et pertes.

Lorsque le compte est ouvert pour une banque étrangère, il doit être tenu en doubles colonnes.

De l'usage des doubles colonnes, faites à certains Comptes.

198. Les doubles colonnes faites à certains comptes, ne sont nécessaires que dans deux cas :

Le premier, est celui où nous devons tenir un compte aussi exact des sommes de monnoies étrangères, reçues ou fournies pour notre compte, par un de nos correspondans étrangers, que de la valeur de ces mêmes sommes en argent de notre pays ;

Le second, est celui où nous devons tenir un compte exact des bénéfices ou des pertes des opérations de banque que nous faisons en participation avec tel ou tel correspondant étranger, ou avec tel ou tel correspondant de notre nation.

Les comptes relatifs au premier cas, sont tous ceux des correspondans étrangers, chargés du soin de nos intérêts particuliers, ou qui en sont chargés de compte à demi. Chaque compte de cette nature, est ouvert, par cette raison, sous le nom de *tel* ou *tel*, mon compte, ou compte à demi.

Les comptes relatifs au second cas, sont tous ceux des correspondans avec lesquels nous faisons des opérations de banque en participation : chaque compte de cette nature, est ouvert, par cette raison, sous le nom de tel ou tel compte à demi.

Des Comptes à doubles colonnes, intitulés tel ou tels, mon Compte.

199. Il faut pratiquer une double colonne, tant au débit qu'au crédit du compte d'un correspondant étranger, afin de placer dans la première colonne du débit, en dedans, toutes les sommes dûes par ce correspondant étranger, en monnoies de son pays; et dans la colonne ordinaire du debit, la valeur de ces mêmes sommes, en monnoie de notre propre pays; et afin de placer également dans la première colonne en dedans du crédit, toutes les sommes qui sont dûes à ce correspondant, en monnoies de son pays, et dans la colonne ordinaire, la valeur de ces mêmes sommes en argent du nôtre.

200. Cette double colonne, tant au débit qu'au crédit, n'est destinée qu'à tenir sous nos yeux la note détaillée des sommes déboursées et de celles reçues pour notre compte, par notre correspondant, en monnoie de son pays; parce qu'il importe que nous connoissions le montant des unes et des autres pour lui en payer la solde en même monnoies, ou pour la retirer de ses mains sans profit ni perte pour lui. Mais les sommes de monnoies étrangères, portées dans ces doubles colonnes, ne doivent être considérées que comme des notes propres à nous faire connoître l'état de notre compte sur les livres de notre correspondant, et non comme faisant partie des comptes établis sur nos propres livres; car, il n'y a que les sommes portées en monnoies de notre propre pays, dans les colonnes ordinaires du débit et du crédit, qui font réellement partie de notre comptabilité générale.

201. Lorsqu'on veut solder ce compte, il faut ad-

ditionner les sommes de monnoies étrangères, portées dans la colonne intérieure du débit, ainsi que celles de la colonne intérieure du crédit. Si le montant des sommes du débit excède celui des sommes du crédit, le correspondant a reçu plus qu'il n'a donné pour notre compte en monnoie de son pays, et doit l'excédent. Alors, il faut le débiter en son nom particulier, et le créditer sous la dénomination de tel, mon compte, de la quantité de monnoies étrangères qui font la solde, et dont on apprécie la valeur, au cours du change, en monnoies de notre pays; observant, lorsqu'on rapporte au grand livre, de placer les monnoies étrangères dans la colonne intérieure, et leur valeur dans la colonne ordinaire.

202. Si le montant des sommes de la colonne intérieure du crédit, excède au contraire celui des sommes de la colonne intérieure du débit, le correspondant a donné plus qu'il n'a reçu en sa monnoie pour notre compte, et nous lui devons la différence; alors, il faut le créditer personnellement, et débiter tel, mon compte, ainsi il faut passer un article en sens inverse de celui du cas précédent.

203. Lorsque le montant des sommes de monnoies étrangères, portée dans la colonne intérieure du crédit égale celui de la somme portée dans la colonne intérieure du débit, ou en d'autres termes, lorsqu'il n'est rien dû au correspondant étranger, et qu'il ne doit rien lui-même, on solde la différence qui existe entre la colonne ordinaire du débit et celle du crédit, par profits et pertes.

Des Comptes à double colonne, intitulés tel ou tel Compte à demi, ou vulgairement nommés, en participation.

204. On pratique une double colonne, tant au débit qu'au crédit du compte, ouvert à un correspondant étranger, pour les affaires que l'on fait en participation avec lui; et les doubles colonnes intérieures du débit et de crédit, servent exactement aux mêmes usages que celles du compte intitulé tel ou tel, mon compte (194), (195).

205. Lorsqu'on fait des remises, ou en d'autres termes, lorsqu'on envoie des lettres de change à un correspondant étranger, afin qu'il les négocie et qu'il en partage la perte ou le bénéfice on le débite du prix qu'elles coûtent, et on porte ce prix dans la colonne ordinaire du débit.

206. Ce n'est que lorsqu'il écrit dans la suite qu'il a négocié ces lettres, que l'on porte le prix qu'il en a obtenu en monnoies de son pays, dans la colonne intérieure du débit, préparée pour cet objet.

On laisse également l'espace d'une ligne en blanc, à l'article que l'on passe au journal, pour chaque lettre qu'on envoie à un correspondant; et lorsqu'on reçoit avis de la négociation, on écrit sur cet espace le prix du change auquel le correspondant a négocié cette lettre de change, et la somme des monnoies étrangères qu'il en a retiré.

207. Egalement, lorsqu'on reçoit des remises (*a*) de

(*a*) Les lettres de change que nos correspondans nous envoient et celles que nous leur envoyons, sont ce qu'on appelle des remises.

ce correspondant, on le crédite du prix qu'elles lui ont coûté en monnoie de son pays, et on porte ce prix dans la colonne intérieure du crédit.

208. Ce n'est qu'ensuite et lorsqu'on a négocié ces lettres, qu'on porte le prix qu'on en a obtenu, dans la colonne ordinaire.

On laisse aussi l'espace d'une ligne en blanc, à l'article du journal, que l'on passe pour chacune des lettres de change que l'on reçoit de ce correspondant; et lorsqu'on les a négociées, on écrit, sur cet espace, le prix du change auquel on a négocié chaque lettre de change, et ce qu'elle a produit en monnoie de notre pays.

209. On peut simplifier les écritures, et éviter de laisser l'espace d'une ligne en blanc pour chaque lettre de change que l'on reçoit ou que l'on envoie, en ne passant pas d'écriture lors de la réception et de l'envoi de ces lettres; c'est-à-dire lorsqu'on attend qu'elles soient négociées pour en passer écriture.

210. On solde ce dernier compte autrement que ceux intitulés tel, mon compte; parce que le correspondant étranger doit être débité de sa moitié des pertes, ou crédité de la moitié des bénéfices de l'opération faite de compte à demi avec lui, lorsqu'elle est finie; et que le compte de profits et pertes, ne doit être débité ou crédité que de notre propre moitié du bénéfice ou de la perte.

211. Pour solder le compte à demi, ou en participation d'un correspondant étranger, il faut additionner les sommes portées dans les colonnes des monnoies étrangères.

212. Si le débit excède le crédit, ce correspondant a reçu plus qu'il n'a donné en monnoies de son pays, et il doit personnellement à la société, ce qu'il a

reçu de plus qu'il n'a donné. Conséquemment, il faut le débiter en son nom particulier, et créditer la société, ou en d'autres termes, le compte à-demi, de la quantité de monnoies étrangères qu'il doit pour solde, et dont on apprécie la valeur en monnoies de notre pays. Observant, lorsqu'on rapporte au grand livre, de placer les monnoies étrangères, qui font la solde, dans la colonne intérieure, et leur valeur dans la colonne ordinaire.

213. Si le crédit excède le débit, il a donné plus qu'il n'a reçu pour compte de la société, et cette derniére lui doit ce qu'il a donné de plus; conséquemment, il faut débiter la société ou le compte à demi, de la quantité de monnoies étrangères qui sont dues à notre correspondant pour solde, et en créditer ce dernier en son nom particulier; observant, lorsqu'on rapporte au grand livre, de placer les monnoies étrangères, qui font la solde, dans la colonne intérieure, et leur valeur en argent de notre pays, dans la colonne ordinaire.

Par ce moyen, les colonnes intérieures, ou des monnoies étrangères, sont balancées; et la différence qui existe entre le montant des sommes portées dans les colonnes ordinaires du débit et du crédit, fait connoître le bénéfice ou la perte en monnoies de notre pays, des opérations qui ont été faites en participation avec le correspondant étranger.

214. S'il y a de la perte, le correspondant étranger doit être débité en son nom particulier, de la moitié, et le compte de profits et pertes, doit être débité de l'autre moitié de cette perte, dont le compte à demi ou en participation doit être crédité en total en monnoies de notre pays; observant de ne rien porter pour la valeur

de cette solde, dans la colonne intérieure, lorsqu'on rapporte au grand livre.

215. S'il y a du bénéfice, le compte à demi doit en être débité seulement en monnoies de notre pays, et notre associé doit être crédité en son nom particulier, de la moitié de ce bénéfice, et le compte de profits et pertes de l'autre moitié.

Par ce moyen, les colonnes ordinaires des monnoies de notre pays sont également balancées; et le résultat en perte ou en bénéfice des opérations de compte à demi, est porté au compte courant ou personnel de notre associé, pour sa part; et a celui de profits et pertes, pour la nôtre.

216. *Des Comptes à doubles colonnes pour les opérations de banque, en participation avec des correspondans de notre pays.*

Lorsqu'on fait des opérations de banque, en participation avec un correspondant du même pays que celui que l'on habite, on ouvre un compte à ce correspondant, sous la dénomination de tel ou tel, compte à demi.

Il faut pratiquer une double colonne, tant au débit qu'au crédit du compte en participation, ouvert au correspondant avec lequel nous faisons des opérations de banque de compte à demi, afin de placer dans la colonne intérienre du débit, toutes les sommes qui nous sont dues par ce correspondant, pour le prix qu'il retire des lettres de change que nous lui envoyons; et dans la colonne ordinaire du débit, le prix que ces lettres nous coûtent. Et afin de placer également dans la colonne intérieure du crédit, les sommes que nous lui devons pour les prix coûtant des lettres de change qu'il nous envoie, et dans la colonne ordinaire du crédit, les sommes que nous lui devons pour le prix que nous retirons de ces lettres.

217. Cette double colonne, tant au débit qu'au crédit, n'est destinée qu'à tenir sous nos yeux la note détaillée des sommes déboursées, et des sommes reçues par notre correspondant, pour les opérations faites en participation avec lui ; parce qu'il nous importe de connoître le montant des unes et des autres, pour lui tenir compte de la solde de ses débours, ou pour nous faire tenir compte de la solde de ses recettes. Mais les sommes portées dans ces doubles colonnes, ne doivent être considérées que comme des notes propres à nous faire connoître l'état de notre compte, sur les livres de notre correspondant, et non comme faisant partie des comptes établis sur nos propres livres ; car il n'y a que les sommes portées dans les colonnes ordinaires du débit, pour le prix coûtant des lettres de change que nous lui envoyons, et que les sommes portées dans la colonne ordinaire du crédit, pour le prix que nous retirons des lettres de change qu'il nous envoie lui-même, qui fassent partie de notre comptabilité générale.

218. Ainsi, lorsqu'on fait des rémises, ou en d'autres termes, lorsqu'on envoie des lettres de change à un correspondant, on le débite du prix qu'elles coûtent, et on porte ce prix dans la colonne ordinaire du débit.

Ce n'est qu'ensuite, et lorsqu'il écrit qu'il a négocié ces lettres, que l'on porte le prix qu'il en a obtenu dans la colonne intérieure du débit.

219. On laisse une ligne en blanc à l'article que l'on passe au journal, pour chaque lettre de change que l'on envoie à un correspondant, afin de se ménager

le moyen d'écrire sur cette ligne le prix du change auquel il négociera cette lettre, attendu qu'on ne peut connoître ce prix qu'à l'époque où il donnera avis de la négociation.

220. Egalement lorsqu'on reçoit des remises de ce correspondant, on le crédite du prix que lui ont coûté les lettres qu'il envoie, et on porte ce prix dans la colonne intérieure du crédit. Mais, ce n'est qu'ensuite et lorsqu'on négocie ces lettres, qu'on porte le prix qu'on en a obtenu dans la colonne ordinaire.

221. On laisse également une ligne en blanc à l'article du journal, que l'on passe pour les lettres de change que l'on reçoit de ce correspondant, afin de se ménager la faculté d'écrire sur cette ligne le prix auquel on négociera ces lettres, qu'on ne peut connoître qu'à l'époque de leur négociation.

222. Pour solder ce compte, il faut additionner en premier lieu les sommes portées dans la colonne intérieure du débit et du crédit, ou en d'autres termes, les sommes reçues et celles déboursées par notre correspondant, (225).

223. Si le montant de la colonne intérieure du débit, excède celui de la colonne du crédit, c'est-à-dire, si notre correspondant a reçu plus qu'il n'a déboursé pour les opérations de compte à demi, il doit personnellement à la société, ou au compte en participation, ce qu'il a reçu de plus. Alors il faut le débiter en son nom particulier, de ce qu'il doit pour solde, et en créditer le compte à demi. Observant, lorsqu'on rapporte au grand livre, de porter le montant de ce que ce correspondant doit pour solde, tant dans la colonne intérieure que dans la colonne ordinaire du crédit du compte à demi.

Par ce moyen, les colonnes intérieures ont été balancées, ou en d'autres termes, le compte des débours de notre correspondant est soldé; et la différence qui existe entre les montans des sommes portées dans les colonnes ordinaires du débit et du crédit, fait connoître le bénéfice ou la perte des opérations qui ont été faites en participation avec notre correspondant, (*a*).

Si notre correspondant a déboursé plus qu'il n'a reçu pour les opérations de compte à demi, il faut débiter son compte à demi pour solde, et le créditer lui même en son nom particulier; en observant, lorsqu'on rapporte au grand livre, de porter le montant de ce qui est dû à ce correspondant, pour solde des opérations de compte à demi, tant dans la colonne intérieure du débit de son compte à demi, que dans la colonne ordinaire.

224. Les colonnes intérieures étant balancées, il faut additionner ensuite les sommes portées dans les colonnes ordinaires du crédit et du débit; l'excédent du

---

(*a*) En effet, les colonnes intérieures des sommes reçues et déboursées par notre correspondant, étant soldées, ne contiennent aucune partie du profit ou de la perte des affaires en participation, puisque ce correspondant n'a reçu que le montant de ses débours. Mais la colonne ordinaire du débit, contenant toutes les sommes que nous avons déboursées, et la colonne ordinaire du crédit toutes celles que nous avons reçues, ainsi que celles que notre correspondant a reçu de plus qu'il n'a donné pour les affaires en participation, il est évident que tout ce qui se trouve de plus dans la colonne ordinaire du crédit que dans celle du débit, est le bénéfice qui doit être partagé entre nous et notre correspondant, puisque cet excédent est composé de toutes les sommes que les opérations de banque de compte à demi ont produit au-delà des débours qu'elles ont occasionnés.

montant de la colonne ordinaire du crédit, sur celui de la colonne ordinaire du débit est le bénéfice; et réciproquement l'excédent du montant de la colonne ordinaire du débit, sur celui de la colonne ordinaire du crédit, seroit la perte.

225 S'il y a du bénéfice, le compte à demi ou en participation doit en être débité pour solde, et celui de profits et pertes, ainsi que notre correspondant, doivent en être crédités : savoir; le correspondant pour sa part, de ce bénéfice, et le compte de profits et pertes, pour la nôtre.

226. S'il y a de la perte, au contraire, le compte de profits et pertes doit être débité de notre portion, et le correspondant doit être débité en son nom particulier, de sa portion de cette perte, dont le compte à demi ou en participation doit être crédité pour solde. Observant, tant dans ce cas que dans le précédent, lorsqu'on rapporte au grand livre, de ne porter la somme qui fait le solde, que dans la colonne ordinaire du débit ou du crédit du compte à demi.

Par ce moyen, les colonnes ordinaires sont balancées, ainsi que celles de l'intérieur.

Enfin, le compte de capital réunit le résultat de tous les autres comptes.

Du Compte de Capital.

227. Le compte de capital est le compte personnel du négociant dont on tient les livres.

Ce compte est ouvert,

1.° Pour être crédité de la mise de fonds du négociant dont on tient les livres, et des héritages qui lui surviennent;

2.° Pour être débité des pertes considérables qui lui surviennent ;

3.° Il doit être également débité chaque année, du total des pertes que le négociant a faites, parce que ces pertes diminuent son capital, et réciproquement il doit être crédité du total des bénéfices, si le négociant en a fait, parce qu'ils augmentent son capital.

Ce compte peut également servir à solder tous les autres, et à commencer des livres.

228. Par exemple, une personne qui n'auroit jamais fait d'affaires, et qui voudroit commencer des livres en double partie, devroit d'abord faire un inventaire général de tout ce qu'elle doit et de tout ce qu'elle possède, et en supposant qu'elle possédât :

En marchandises.....................	10000 fr.
En argent..........................	20000
En billets en porte-feuille.............	25000
En une maison en ville...............	35000
Que Pierre lui dût...................	50000
Et Jean............................	50000
TOTAL de son avoir.......	190000

Elle devroit créditer le compte de capital de tous ces objets, dont elle débiteroit, comme suit, les débiteurs ordinaires.

DIVERS DOIVENT A CAPITAL, 190000 fr.

SAVOIR;

MARCHANDISES GÉNÉRALES, pour celles que j'ai en magasin....................	10000 fr.
CAISSE pour autant que j'ai en caisse....	20000
BILLETS A RECEVOIR, pour ceux en portefeuille..............................	25000
MAISON EN VILLE, pour celle que je possède..................................	35000
PIERRE, pour autant qu'il me doit....	50000
JEAN, pour idem....................	50000
	190000

Et si elle devoit:

1.° En billets............................	10000
2.° A Pierre Dupré....................	10000
3.° A Jean Monvoisin.................	10000
	30000

Elle devroit passer l'article suivant:

CAPITAL DOIT A DIVERS, 30000 francs:

SAVOIR:

A BILLETS A PAYER..................	10000
A PIERRE DUPRÉ....................	10000
A JEAN MONVOISIN.................	10000
	30000

Le compte de capital se trouve ainsi débité de tout ce qu'un négociant doit, et crédité de tout ce qu'il possède. L'excédent ou la différence du crédit au débit de ce compte, est le montant du vrai capital du négociant. Voyez (178), (179) et (180), comment opère celui qui a déjà eu des livres, pour en commencer de nouveaux. On solde le compte de capital par celui de balance.

Du Compte de Balance.

229. On le subdivise en deux, l'un intitulé balance de sortie; l'autre, balance d'entrée.

Du Compte de Balance de sortie.

230. Ce compte, purement imaginaire, n'a été inventé que pour servir à solder tous les autres, à l'exception de ceux qui doivent être soldés par profits et pertes.

231. Par exemple, pour solder les comptes de tous les débiteurs d'un négociant, on les crédite du montant de ce qu'ils doivent pour solde, et on en débite le compte de balance, comme s'ils avoient payé ce montant à une personne nommée balance.

232. Pour solder les comptes des objets en nature que le négociant possède, tels que les billets à recevoir, l'argent, les marchandises, etc., on crédite chacun de ces comptes par balance, des objets de leur espèce que le négociant possède, comme s'il avoit vendu ces effets à cet être purement imaginaire.

233. Pour solder les comptes des créanciers du négociant, on les débite envers balance, du montant de ce qui leur est dû pour solde, comme si balance les avoit payés.

234. Pour solder le compte des billets à payer, on

le débite envers balance, du montant de tous les billets à payer qui n'ont point encore été payés, et qui sont en circulation, comme si elle les acquittoit.

235. Enfin, pour solder le compte de balance et celui de capital, on débite ce dernier compte du capital net du négociant, et on en crédite le compte de balance, comme si une personne nommée Balance avoit remboursé ce capital à ce négociant.

236. D'où résultent les règles suivantes :

1.° Le compte de balance doit être débité de tout ce qui est dû au négociant par chacun de ses débiteurs (231), il doit également être débité du montant des billets à recevoir qu'il a en porte-feuille, ainsi que de celui de l'argent, des marchandises, des meubles, des immeubles et généralement de tous les effets en nature qu'il possède, au moment où il fait sa balance générale (232);

2.° Et le compte de balance doit être crédité de tout ce que le négociant doit à ses divers créanciers, pour solde (233) du montant de tous ses billets à payer qui sont encore dehors (234), et de celui de son capital net.

En un mot, balance doit être débitée de tout ce qui compose la fortune du négociant, et créditée de tout ce qu'il doit, tant à ses divers créanciers que pour les billets qu'il a faits, ainsi que de ce qui lui revient à lui-même pour son capital.

237. Pour se faire une idée nette de l'emploi de ce compte, on peut donc le considérer comme celui d'un être imaginaire, à qui l'on suppose que tous les débiteurs d'un négociant payent ce qu'ils lui doivent pour solde; à qui l'on suppose que tous les effets de ce négociant ont été vendus; et de qui l'on suppose qu'il a payé tout ce que le négociant doit à ses créanciers,

tous les à billets payer, encore en circulation, et au négociant lui-même, le montant de son capital.

On ne se sert de ce compte, que lorsqu'il s'agit de balancer tous les autres, que l'on ouvre ensuite de nouveau sur les livres, par balance d'entrée.

Du Compte de Balance d'entrée.

238. Ce compte n'a été établi que pour servir à ouvrir de nouveau sur les livres tous les comptes précédemment soldés par celui de balance de sortie, dans lequel tous leurs résultats ont été réunis. Ainsi, la balance d'entrée suppose nécessairement qu'il en a été déjà fait une de sortie.

239. Pour ouvrir tous les comptes dans leur ordre naturel, par le moyen du compte de balance d'entrée, il faut débiter,

1.° Chacune des personnes qui doivent au négociant, de la somme qu'elles lui doivent pour solde; les billets à recevoir, la caisse, les marchandises générales, etc., du montant de ce qu'il possède de chacune de ces sortes d'objets; et créditer la balance d'entrée du tout (343).

240. 2.° Et il faut débiter la balance d'entrée de tout ce que le négociant doit à chacun de ses créanciers, pour solde, dont on crédite ces mêmes créanciers; de tous les billets à payer qui sont encore dehors, dont on crédite le compte de billets à payer, et du montant du capital de ce même négociant, dont on crédite le compte de capital (344).

Mais, pour mieux faire concevoir l'emploi de ces derniers comptes, il sera traité au long de la manière de faire la balance générale des livres.

Du

Du Compte de Liquidation.

241. Quelques teneurs de livres ouvrent ce compte dans les cas suivans :

Lors de la dissolution de la société pour laquelle ils tenoient les livres, lors d'une nouvelle association, ou à l'époque du décès du négociant dont ils tenoient les livres.

Ce compte de liquidation de telle société ou de telle succession, ou d'hoirie, est le même que celui que d'autres teneurs de livres ouvrent à l'ancienne société, à la succession, ou à l'hoirie, ou enfin, à l'ancien commerce; sous le nom de *succession* ou *hoirie* de tel, ou sous celui d'*ancien commerce de tel*, etc.; ou encore sous toute autre dénomination.

Un compte de cette nature, soit qu'il ait été ouvert sous le nom simple de compte de liquidation, ou sous tout autre, est le même que le compte de balance, et n'en diffère que par le nom.

242. Le compte de liquidation n'est autre chose que le compte de balance, sous un autre nom, parce que ce dernier sert à solder tous les autres, afin d'en réunir tous les résultats; et que le compte de liquidation sert aux mêmes usages, la plupart du temps, de même que ceux de succession, hoirie, ancienne société, ou ancien commerce, etc.

On solde tous les comptes au grand livre, par le compte de liquidation, comme on les solde par balance, lorsqu'on veut connoître leurs résultats, et avoir un compte de liquidation d'hoirie, etc., au lieu de celui de balance.

243. Dans tous les cas, il seroit cependant préférable, lorsqu'on veut liquider une société ou une suc-

cession, etc., de solder tous les comptes susceptibles de porter du bénéfice ou de la perte par le compte de profits et pertes; de solder ensuite le compte de profits et pertes par celui de capital; de solder après celui de capital, en le débitant de ce qui revient à chacun des ci-devant associés, pour leur part du capital net de la société, ou de ce qui revient à chaque héritier pour sa part du capital net qui compose l'héritage à partager, dont on crédite chaque associé ou chaque héritier; et enfin, de solder tous les autres par balance.

Par ce moyen, chaque associé ou chaque héritier se trouve crédité de tout ce qui lui revient pour sa part du capital qui étoit à partager; et s'il survient, dans la suite, quelque perte sur les marchandises, effets ou dettes actives de la société ou de la succession, on peut débiter chaque intéressé de sa part de ces pertes.

244. En dernier résultat, le compte de liquidation ou de succession, s'il est établi pour servir à solder tous les autres, comme celui de balance, ne me paroît pas préférable à ce dernier, par la raison qu'il est inutile de multiplier les dénominations pour désigner un même compte.

Mais lorsqu'on a fait la balance des anciens livres, selon les moyens ordinaires, on peut ouvrir, si l'on veut, un compte de liquidation sur les livres du négociant chargé de la liquidation, pour débiter ce compte de toutes les pertes qui peuvent survenir pour compte de l'ancienne société, et pour répartir ces pertes à la fin, entre les divers intéressés.

245. Tels sont les comptes généraux ou impersonnels dont l'usage est le plus commun, ou peut-être utile; mais, encore une fois, la connoissance des cinq comptes généraux suffit, et chaque négociant sera capable d'ou-

voir tous les autres comptes au besoin, ou même d'en créer de nouveaux, parce qu'ils ne sont tous que des subdivisions des cinq premiers, à l'exception de celui de capital, de balance et de liquidation, etc.; qui ne sont eux-mêmes, sous différens noms, que le compte personnel du négociant dont on tient ou dont on tenoit les livres.

246. Nous bornerons ici tous les détails que l'on pourroit ajouter encore sur cette matière, en observant seulement que c'est cette absurde multiplicité de noms différens, donnés à un même compte, qui offre la tenue des livres sous l'aspect d'un cahos effrayant; tandis qu'elle mérite à peine d'être comptée parmi les arts, à cause de son extrême simplicité, lorsqu'on sait en réduire l'explication à celle de l'usage des cinq comptes généraux.

Exemples des opérations relatives à quelques-uns des Comptes dont on vient d'indiquer l'usage.

Du 22 Frimaire.

247. J'ai acheté à Dubord, le navire la Josephine, à trois mâts, de 300 tonneaux, pour la somme de 90000 francs, que je lui ai payé comme suit :

En ma traite, à son ordre, à un mois de vue, sur Lecouteulx, de Paris .... 30000 fr.

Idem, sur James, d'Amsterdam 30000

En argent 30000

90000 fr.

[Je reçois un navire nommé la Josephine; donc, le

navire la Josephine doit être débite (195). Je tire une lettre de 30000 francs sur Lecouteulx, il doit en être crédité (105). J'en tire une de pareille somme sur James ; donc, il doit également être crédité ; enfin, je compte 30000 francs ; la caisse doit donc être créditée.] J'écris : (435).

Du 23 Frimaire.

248. J'ai acheté ce qui suit aux suivans, et j'ai chargé le tout sur mon navire la Josephine, pour en composer la cargaison.

A Brai, 200 tonneaux vin rouge, à 500 francs le tonneau, payable dans neuf mois.........	100000 fr.
A Marie Brizard, 500 panniers anisette, à 15 fr. le pannier, idem................	7500
A Meidieu, 1000 caisses prunes, pesant ensemble 450 q.x brut, ou tare déduite, 2000 myriagrammes, à 10 fr. le myriagr.	20000
1000 Caisses saven, pesant 500 quintaux brut, ou net, 2400 myriagrammes, a 12 fr. le myriagramme.........................	28800
	156300 fr.

Ces marchandises composant la cargaison de mon navire, je débite le compte de cargaison de la Josephine (151), et non marchandises générales ; et je crédite Brai, Marie Brizard et Meidieu, qui me les fournissent. J'écris : (436).

Du 24 Frimaire.

249. J'ai assuré au citoyen Bonnafé 40000 francs sur son navire l'Invincible, pour une prime d'assurance de

10 pour cent, en payement de laquelle il m'a fait son billet à 9 mois .... 4000 fr.

[Je reçois un billet à recevoir ; donc, le compte de billets à recevoir doit être débité. Ce billet est le produit d'une prime d'assurance que je gagne ; donc, le compte d'assurance doit être crédité.] (184). J'écris : (437).

Nota. On pourroit créditer le compte de profits et pertes. On a crédité celui d'assurances pour en donner l'idée.

Du 25 Frimaire.

250. J'ai assuré ce qui suit aux suivans, qui m'ont payé la prime en leurs billets, à 7 mois.

10000	Francs au citoyen Dupré, sur son navire l'Aglaé, allant au Cap, à 10 pour cent de prime........................	1000 fr.
10000	Francs au cit. Brai, sur le Pollux, idem........................	1000
10000	Francs au cit. Dupui, sur la Diane, idem........................	1000
30000	Francs, à 10 pour cent.........	3000 fr.

[Je reçois des billets, le compte de billets à recevoir doit donc être débité. Je les reçois en payement de primes d'assurance que je gagne, le compte d'assurances doit donc être crédité.] J'écris : (438).

Du 26 Frimaire.

251. J'ai acheté, ce jour, 60 tonn vin, à Dupré, à raison de 1000 francs le tonneaux, payables à 4 mois.

J'ai expédié ce vin à Lecouteulx, de Paris, pour son compte et risques........................ 60000 fr.

Ma commission, à 2 pour cent, monte à. 1200

61200 fr.

[J'envoie 60 tonneaux vin à Lecouteulx, il doit donc être débité. Dupré qui fournit ce vin doit donc être crédité. Le compte de commission doit être crédité de celle que je gagne.] (185) J'écris : (439).

Du 27 Frimaire.

252. J'ai dépensé, pour frais de commerce, les 3 mois derniers........................ 5400 fr.

Pour la dépense de ma maison......... 3000

8700 fr.

[Les frais de mon commerce, et la dépense de ma maison, sont une perte dont je pourrois débiter le compte de profits et pertes; mais, comme je veux en connoître le total à la fin de l'année, je débite le compte des frais généraux, des frais de commerce; le compte de dépenses générales, des dépenses de ma maison; et je crédite la caisse qui fournit le tout.] J'écris : (440).

Du 28 Frimaire.

253. J'ai payé compté ce qui suit, aux suivans, pour frais d'armement de mon navire.

Au capitaine, pour le rembourser de tous les frais d'armement, gages d'équipage, etc., dont il m'a fourni le compte, et qu'il a payé de ses fonds, ci.................................... 40000 fr.

A Catherine, marchande de volaille, pour les vivres qu'elle a fournis.................... 2000

42000

[Le compte d'armement doit être débité, (196) et la caisse qui fournit, doit être créditée.] J'écris : (441).

Du 29 Frimaire.

254. Lecoulteux, de Paris, m'a fait les remises suivantes, par sa lettre de ce jour; lesdites remises, pour être négociées de compte à demi, avec lui.

5200 Florins, traite de Pierre, sur James d'Amsterdam, prise au change de 52 deniers de gros, faisant, ci.................................... 12000 fr.

6000 Francs, traite à 3 mois, de Viré, sur Paul, de Marseille, prise à 3 pour cent de perte, pour la lettre, ci.............. 5820

500 Livres sterlings, traite de Hovy, sur Williams de Londres, prise au change de 30 deniers, ci.............................. 12000

29820

[Je reçois des remises (a); donc, le compte de remises doit être débité (163); Lecoulteux les four-

(a) Les lettres de change qu'on nous envoie, sont ce qu'on appelle des remises; celles que nous tirons sur nos correspondans ou nos débiteurs, sont ce qu'on appelle des traites.

nit pour être négociées de compte à demi, ou en participation. *Lecoulteux, compte à demi, ou en participation*, doit donc en être crédité (216). J'écris : (442).

N.a Il faut laisser l'espace d'une ligne en blanc, au journal, au-dessous de chacun des effets ci-dessus, pour y écrire le prix du change auquel ils seront négociés : (221).

Du 30 Frimaire.

255. J'ai pris les lettres de change ci-après, que j'ai envoyées à James, d'Amsterdam, pour être négociées par lui, de compte à demi avec moi.

5200 Florins, traite de Martel, sur Barkey, d'Amsterdam, prise au change de 52 deniers de gros, ci.	12000
2500 Marcs lubs, traite de Madré, sur Powel, d'Hambourg, prise au change de 25 sous lubs, ci.	4800
1000 Piastres, traite de Pelusset, sur Thore, de Madrid, prise au change de 4 fr. 50 cent.	4500
	21300

[J'envoie les effets ci-dessus à James, pour les négocier de compte à demi ; donc, *James, compte à demi*, (265) doit être débité ; la caisse à fourni 21300, donc, la caisse doit être créditée.] J'écris : (443).

N.a Il faudra laisser l'espace d'une ligne en blanc, au journal, au-dessous de chaque traite (206), pour y écrire le prix auquel James les négociera.

Du 1.er Nivôse an 10.

256. James m'a fait les remises suivantes, par sa lettre de ce jour : lesdites remises pour être négociées de compte à demi avec lui,

6000 Francs, traite de Barkey, à un mois, sur Hovy, de Bordeaux, prise au change de 50 deniers, faisant en florins, ci.	2500 fl.s	
500 Liv. sterlings, traite de Poppe, sur Williams, de Londres, prise au change de 35 sous de gros, pour une liv. sterling, ci.	5250	
1000 Pistoles, traite d'Oré, sur Lerouge, de Cadix, prise au change de 92 deniers de gros, pour un ducat d'Espagne, ci.	6673	4s.
	14423	4

[Je reçois des remises, le compte des remises (163), doit être débité; James les fournit pour être négociés de compte à demi; *James, compte à demi*, doit donc être crédité.] J'écris : (444).

257. *N.a* Mais on ne peut pas porter la valeur de chaque traite, en argent de France, au débit du compte des remises; on est donc obligé d'y laisser en blanc le montant de chaque traite, jusques à l'époque de la négociation, et on porte la valeur de chaque traite, en florins, dans la colonne intérieure du crédit de James, compte à demi : (163), (207).

Du 2 Nivôse.

258. J'ai négocié ce jour, pour du compté, les effets ci-après :

6000 Francs, traite de Barkey, sur Hovy, de Bordeaux, à $\frac{3}{4}$ pour cent, perte pour la lettre........................ 5955 fr.

500 Livres sterling, traite de Poppe, sur Williams, de Londres, négociée au change de 30 deniers.................... 12000

1000 Pistoles, traite d'Oré, sur Lerouge, de Cadix, négociée au change de 14 fr. 50 centimes pour une pistole............ 14500

32455

[Je reçois de l'argent, la caisse doit être débitée; je fournis des effets dont le compte des remises a été débité lors de leur réception (256); le compte des remises doit donc en être crédité lorsque je les négocie.] J'écris: (445).

259. *N.a* Cet article (258) est un article ordinaire. Mais il ne faut pas oublier d'aller écrire sur l'espace laissé en blanc (444), pour chacune des traites ci-dessus, lorsqu'on en a passé écriture à l'époque de leur réception, le prix du change auquel elles ont été négociées aujourd'hui; et le produit de chacune en argent de France, au débit du compte des remises au grand livre, ainsi que dans la colonne ordinaire du crédit de James, *compte à demi* : (208).

260. Au reste, nous n'avons proposé cet exemple que pour donner une idée de ces opérations, lorsqu'on veut passer les effets reçus par billets à recevoir ou par traites et remises; mais il est bien plus simple de ne passer écriture des remises que l'on reçoit qu'à l'époque où on les négocie; par ce moyen, on n'a qu'un seul article à passer, au lieu de deux, et toutes

les difficultés s'applanissent. *Voyez l'exemple suivant.*

Du 3 Nivôse.

261. J'ai négocié, ce jour, les effets ci-après composant la remise qui m'a été faite par James, d'Amsterdam, dans sa lettre du premier du courant, pour compte à demi avec moi, et dont je n'ai passé aucunes écritures à l'époque de la réception.

	Florins		Francs
500 Livres st., traite de Dowdrell, sur Johnston, de Londres, prises par James, à 35 sous de gros, pour une livre sterling, faisant, à ce change, en florins...	5250fl. » »		
Que j'ai négociée au change de 30 den. sterling..............			12000fr. » c.
2000 Marcs lubs, traite de Poppe, sur Lauterup, d'Hambourg, prise par James, à 33 sous, courans, faisant, à ce change, en florins..................	1650 » »		
Négociée par moi, à 26 s. lubs, ci..............................			3692 30
1000 Piastres, traite d'André, sur Rodrigues, de Madrid, prise par James, au change de 92 deniers de gros, pour un ducat d'Espagne, faisant, à ce change, en florins, ci.............	1668 5 5		
Négociée à 4 fr. 30 cent., faisant..............................			4200 »
	8568fl 5 s 5		19892fr. 30c.

[Je reçois de l'argent ; donc, la caisse doit être débitée ; James, d'Amsterdam, compte à demi, fournit les effets que je négocie, il doit donc en être crédité en argent de son pays, et en argent de France.] (208). J'écris : (446).

Du 4 Nivôse an 10.

262. J'ai pris les lettres de change ci-après, que j'ai envoyées à James, d'Amsterdam, pour être négociées par lui, de compte à demi, avec moi.

5200 Traite de Davidson, sur Powel, d'Amsterdam, que j'ai prise au change de 52 deniers de gros, pour 3	12000 fr.
5100 Idem, dudit, sur Howre, d'Amsterdam, que j'ai prise à 51 deniers.	12000
5000 Idem, dudit, sur Paul, d'Amsterdam, prise à 50 deniers.	12000
	36000 fr.

[James, compte à demi, reçoit ou doit recevoir les traites que je lui envoie, il doit donc être débité (205) ; la caisse qui fournit doit être créditée.] J'écris : (447).

Nota. Il faudra laisser en blanc l'espace d'une ligne après chacune de ces traites, au journal, afin d'y écrire, dans la suite, le prix auquel James les négociera (206).

Du 5 Nivôse.

263. J'ai pris les effets ci-après, que j'ai envoyés à Lecouteulx, pour être négociés de compte à demi avec moi.

5000 Francs, traite de Bloomfield, sur Pepin, de

Dunkerque, à 3 mois, que j'ai prise à 3 pour cent de perte, pour la lettre, ci . . . . 4850 fr.

2700 Florins, traite de Martel, sur James, d'Amsterdam, que j'ai prise au change de 54 deniers de gros, ci 6000

5300 Florins, traite de Martel, sur Howre, d'Amsterdam, que j'ai prise au change de 53 deniers, ci 12000

22850 fr.

[Lecoulteux, de Paris, compte à demi, recoit ou recevra ces effets, il doit donc être débité (218). La caisse qui en fournit la valeur doit être créditée.] J'écris : (448).

Nota. Il faut laisser l'espace d'une ligne en blanc, au journal, pour chacune des remises ci-dessus, pour y écrire le prix auquel Lecoulteux les négociera (219).

Du 6 Nivôse.

264. J'ai négocié les effets ci-après, provenans des remises que Lecoulteux m'a faites le 29 Frimaire dernier (254).

5200 Florins, traite de Pierre, sur James, d'Amsterdam, prise par Lecoulteux, au change de 52 deniers, et que j'ai négociée à celui de 51 d., ci. 12237 l. 27 s. » d.

6000 Fr., traite de Viré, sur Paul, de Marseille, prise par Lecoulteux, à 3 p. % perte pour la lettre, et que j'ai négocié à 2 p. % seulement, perte, ci. 5880 » »

500 Livres sterling, traite de Hovy, sur Williams, de Londres, prise au change de 30 d. par Lecoulteux, et que j'ai négociée à celui de 28 d., ci. 12755 71 »

30872 l. 98 s. » d.

[Je reçois de l'argent, la caisse doit être débitée. Je donne des effets dont le compte de remises a été débité lors de leur réception (254), le compte des remises (163), doit donc être crédité.] J'écris : (449).

Nota. Il faut aller écrire dans l'espace qui a été laissé en blanc au journal, pour chacun des effets ci-dessus, lorsqu'on les a reçus le 29 Frimaire (254), le prix auquel on négocie actuellement ces effets : (219).

Du 7 Nivôse.

265. J'ai négocié, pour du compté, les traites ci-après, composant la remise qui m'a été faite par Lecoulteux, le premier du courant, et dont je n'ai pas passé écritures à l'époque de la réception.

4000 Florins courans, traite de Beaumont, de Paris, sur Kunkel, de Vienne, prise par Lecoulteux, au change de 26 krutzers pour un franc, faisant en francs 9231, que j'ai négocié au change de 25 kruizers pour un franc, faisant en francs..........	9600 fr.	» c.
4000 Creuzades de change, traite de Brindau, sur Jérémie, de Lisbonne, prise par Lecoulteux, au change de 480 rés, pour 3 francs, faisant à ce change 10000 fr., que j'ai négociée au change de 475 rés, faisant à ce change.	10105	25
5400 Florins, banco d'Hollande, traite de Baudouin, sur James, prise par Lecoulteux, au change de 54, faisant 12000 fr., que j'ai négociés à 52 deniers, faisant..................	12641	50
	32346 fr.	75 c.

[Je reçois de l'argent, la caisse doit être débitée; je donne les lettres de change qui m'ont été envoyées de compte à demi, par Lecoulteux; je crédite Lecoulteux, compte à demi, et je rapporte dans la colonne ordinaire du crédit de Lecoulteux, compte à demi, le prix que je retire de ces lettres; et dans la colonne intérieure, le prix qu'elles lui ont coûté.] J'écris : (450).

Du 8 *Nivôse.*

266. J'ai pris les effets ci-après pour du compté, et je les ai envoyés à Lecoulteux, pour être négociés de compte à demi avec moi.

4000 Creuzades, traite de Poncet, sur Helies, de Lisbonne, que j'ai prise au change de 480 rés, pour 3 francs, faisant	10000 fr.
5400 Florins, traite de Martel, sur Poppe, d'Amsterdam, que j'ai prise au change de 54 deniers	12000
500 Livres sterlings, traite de Bloomfield, sur Roche, de Londres, que j'ai prise au change de 30 deniers	12000
	34000 fr.

[J'envoie des lettres à Lecoulteux; je débite Lecoulteux, compte à demi, du prix que coûtent ces lettres, observant de laisser au-dessous de chacune une ligne en blanc, pour y écrire dans la suite le prix auquel Lecoulteux les négociera. Je donne de l'argent; donc, il faut créditer la caisse.] J'écris : (451).

Du 10 *Nivôse.*

267. J'ai acheté ce qui suit, compté, de compte à tiers avec Bray et Dupui.

20 Tonneaux vin rouge, à 1000 francs le tonneau, ci.. 20000 fr.

32 Idem, blanc, à 500 francs......... 16000

36000 fr.

FRAIS.

Divers frais que j'ai payés............ 600

36600 fr.

[J'achète des marchandises de compte à tiers avec Bray et Dupui; ces deux derniers doivent être débités chacun de leur part. Le compte de marchandises en société doit être débité de la mienne (153), et de plus des frais (153). La caisse fournit, elle doit être créditée; enfin, le compte de frais généraux (182) doit être crédité des frais.] J'écris : (452).

Du 11 *Nivôse.*

268. J'ai vendu compté, et à raison de 600 francs le tonneau, les 32 tonn. vin blanc, achetés de compte à tiers avec Bray et Dupui, ci........... 19200 fr.

[Je reçois de l'argent, la caisse doit être débitée; je vends des marchandises de compte à tiers; donc, marchandises de compte à tiers (153), doivent être créditées.] J'écris : (453).

Du 12 *Nivôse.*

269. Jai vendu compté, et à raison de 1200 francs le tonneau, les 20 tonn. vin, achetés de compte à tiers avec Bray et Dupui, ci................ 24000 fr.

Nota. J'ai déboursé 336 francs de frais. La vente des marchandises

marchandises en société étant finie, il faut en débiter le compte pour le montant de ma commission, à 2 pour cent, et le solder.

[J'ai reçu de l'argent, la caisse doit être débitée : j'ai vendu les 20 tonneaux vin, de compte à tiers ; donc, les marchandises de comptes à tiers (153), doivent être créditées.] J'écris : (454).

Du 12 Nivôse.

270. [En outre, le compte de marchandises en société doit être débité de ma commission (153), à 2 pour cent sur la vente, et des frais (153) ; et le compte de commission (185), ainsi que celui de frais généraux (182), doivent être crédités.] J'écris : (455).

Dudit.

271. Les marchandises de compte à tiers ont produit 41400 francs, déduction faite des frais et de la commission ; il revient donc à chacun de mes associés, 13800 francs pour leur tiers du produit net, donc, marchandises en société doivent être débitées.] J'écris : (456).

Dudit.

272. La part de mes associés ne leur ayant coûté que 10000 fr., et leur produisant 13800, il est évident qu'ils gagnent chacun 1800 fr. ; je dois donc gagner autant. En effet, tous les articles précédens étant passés, le crédit du compte de marchandises en société excède le débit de 1800 francs, ce qui est ma part du bénéfice Pour solder ce compte, je débite marchandises en société, et je crédite profits et pertes.] J'écris : (457).

Du 13 Nivôse.

273. Dubord, de Nérac, a acheté 40 tonneaux vin rouge, à 500 fr. le tonn., et me les a expédiés pour être vendus de compte à demi avec moi.

[Je reçois 40 tonneaux vin, de l'envoi de Dubord ; mais, c'est en société avec lui ; je débite donc marchandises en société, pour ma part seulement (153), et je crédite Dubord.] J'écris : (458).

Du 14 Nivôse.

274. J'ai vendu compté les 40 tonn. vin, de compte à demi avec Dubord, à 600 fr. le tonn., ci. 24000 fr.

Nota. J'ai déboursé 1000 francs de frais de chai ou de réception.

[Je reçois de l'argent, la caisse le doit. Je vends des marchandises de compte à demi, j'en crédite le compte des marchandises de compte à demi.] J'écris : (459).

Dudit.

275. [J'ai déboursé 1000 francs. Les marchandises en société doivent en être débitées (153), et frais généraux (182) doivent en être crédités.] J'écris : (460).

Dudit.

276. [Les marchandises ont produit net 23000 francs, c'est 11500 fr. pour Dubord. Je débite les marchandises en société, et je crédite Dubord de sa part de leur produit.] J'écris : (461).

Dudit.

[Dubord a donc gagné 1500 francs, et je dois

avoir autant gagné. Le crédit des marchandises en société excède, en effet, le débit de 1500 francs ; je débite marchandises en société, pour solde (153), et je crédite profits et pertes.] J'écris : (462).

Nota. Mon ami ayant fait l'achat, et moi seulement la vente, la commission n'est dûe à aucun de nous, (153).

Du 15 Nivôse.

277. Dupré a acheté 1000 caisses prunes Dante, de compte à demi avec moi................ 20000 fr.

[Etant associé dans cet achat, marchandises de compte à demi avec Dupré, doivent être débitées pour ma demi, et Dupré doit en être crédité.] J'écris : (463).

Du 16 Nivôse.

Dupré m'écrit qu'il a vendu 25000 francs net les 1000 caisses de prunes, achetées de compte à demi.

[La moitié des marchandises, vendues par Dupré, m'appartenant, je débite Dupré de ma moitié du produit net qu'il me doit, et j'en crédite (154) les marchandises en société.] J'écris : (464).

Dudit.

[Ces marchandises ne m'ayant coûté que 10 mille francs, et ma demi produisant 12500 fr., je gagne 2500 fr. Je débite les marchandises de compte à demi pour solde, et je crédite profits et pertes.] J'écris : (465).

Tel sont tous les cas différens des marchandises en société.

Du 18 Nivôse.

278. Lecoulteux m'écrit qu'il a négocié les effets ci-après :

5000 Francs, traite de Bloomfield, sur Pépin, de Dunkerque, qu'il a négocié à un pour cent perte pour la lettre, ci	4950 fr. »c.
2700 Florins, traite de Martel, sur James, d'Amsterdam, qu'il a négocié à 52 deniers de gros..................	6230, 77
5300 Florins, traite de Martel, sur Howre, qu'il a négociée à 52 den., ci.	12230, 77
4000 Creuzades, traite de Poncet, sur Hélies, de Lisbonne, qu'il a négociée au change de 460 rés pour 3 francs, ci...	10434, 75
5400 Florins, traite de Martel, sur Poppe, d'Amsterdam, qu'il a négociée au change de 52 deniers de gros.....	12461, 60
500 Livres sterlings, traite de Bloomfield, sur Roche, de Londres, qu'il a négociée au change de 28 deniers.....	12855, 71
	59163 fr. 50c.

[Lecoulteux a déjà été débité (263), (266), lorsque les effets ci-dessus lui ont été envoyés. Il ne s'agit maintenant que d'écrire sur l'espace qui a été laissé en blanc au-dessous de chacune des traites dont il a été débité au journal (263), (266), le prix du change auquel il a négocié chaque lettre, et ce que chacune a produit.] (219).

Il faut rapporter ensuite dans la colonne intérieure du débit du compte à demi de Lecoulteux, au grand livre, ce que chaque lettre a produit, et tout est fini. (218).

Voyez (263), (266), au journal. Le prix auquel

chaque lettre a été négociée par Lecoulteux, est au-dessous de l'article dont il a été débité pour chacune, lorsqu'on la lui a envoyée (*a*).

Voyez aussi folio 6 du grand livre, au débit du compte à demi, vous verrez, dans la colonne intérieure, le prix que Lecoulteux a retiré de chaque lettre.]

Du 19 Nivôse.

279. James m'écrit qu'il a négocié les traites ci-après, ou qu'il en a reçu le montant, comme suit;

5200 Florins, traite de Martel, sur Barkey, d'Amsterdam, dont ledit James a reçu le montant, ci.	5200fl	»f	»d
5200 Florins, traite de Davidson, sur Powel, dont ledit James a reçu le montant, ci.	5200	»	»
5100 Florins, traite dudit, sur Howre, dont ledit James a reçu le montant, ci..	5100	»	»
5000 Florins, traite de Davidson, sur Paul, négociée par James, à demi pour cent de perte pour la lettre, faisant en florins, ci..	4975	»	»
2500 Marcs lubs, traite de Madré, sur Powel, d'Hambourg, négociée par James, au change de 33 s. communs, pour 1 daelder, faisant en florins, ci.	2062	10	»
100 Piastres, traites de Pelusset, sur Thore, de Madrid, négociée par James, au change de 95 den. de gros pour 1 ducat d'Espagne, faisant en florins,	1722	13	5
	24260	3	5

(*a*) Le prix de la négociation est en caractères italiques, pour le distinguer du reste de l'article, et pour indiquer que ce prix n'a été écrit sur, l'espace laissé en blanc, qu'à l'époque de la négociation, et non en même-temps que l'article.

[James a déja été débité des effets ci-dessus, lorsque je les lui ai envoyés (255), (262). Il ne s'agit plus maintenant que d'écrire sur l'espace qui a été laissé en blanc, au-dessous de chacune des lettres dont il a été débité, (255), (262), au journal, le prix du change auquel chaque lettre a été négociée par James, et ce qu'elle lui a produit en florins, (206).

Il faut rapporter ensuite ce que chacune de ces lettres a produit en florins, dans la colonne intérieure du débit du compte à demi de James, au grand livre. (206). Voyez f.° 7 du grand livre.]

280. *Exemple de la manière de passer écriture du compte rendu par un Capitaine de navire, de sa gestion.*

Le compte qu'un capitaine de navire rend de sa gestion, contient, au débit, toutes les sommes qu'il a déboursées ; et au crédit, tout ce qu'il a reçue pour compte de l'armateur

Ce dernier doit en passer écriture, en débitant les comptes de cargaison, d'armement, de marchandises générales, les personnes auxquelles il a été vendu à crédit, etc., et le compte de caisse, des diverses sommes portées au débit du compte qui lui est remis par le capitaine.

Et il doit créditer les comptes d'armement et de cargaison, etc., des différentes sommes portées au crédit de ce même compte.

En un mot, le débit d'un compte semblable, indique les divers comptes qui doivent être débités, et le crédit indique ceux qui doivent être crédités, sur les livres de l'armateur.

Voyez en l'autre part, le compte qu'on y a établi, sous le numéro 281.

---

281 *COMPTE DE VENTE ET NET PRODUIT de la cargaison et frêt du Navire la* JOSEPHINE, *expédi[é] au Cap, par le Citoyen* MALLET, *Armateur, ou de la gestion de* J.N COMINET, *Capitaine dudit Navire.*

MALLET, Armateur,	DOIT (*a*).
Pour vivres achetés au Cap	1400 fr.
Réparations au navire	500
Pour frêt de déchargement	2000
Pour achat de 210 milliers café	120000
Pour *idem*, de 30 futailles indigo	60000
Idem de 100 balles de coton	36000
Pour marchandises vendues à crédit aux sieurs Andrieu, Laffite et Bernard	27000
Pour une traite de Durant, sur Panjet, à Paris, au 15 décembre fixe, en payement des marchandises à lui livrées, ladite traite remise au citoyen Mallet	8000
A lui compté en argent, pour solde	13000
	274900#

	AVOIR (*b*).
Pour frêt des marchandises chargées pour compte de divers	35000 fr.
Pour passage de quatre passagers	4000
Pour le montant total des marchandises composant la cargaison, y compris celles vendues à crédit	235900
	274900

Certifié conforme et véritable, sauf erreur et omission.

Bordeaux, le 19 Nivôse an 10.

J.N COMINET, Capitaine.

(*a*) Le compte ci-dessus est celui que le Capitaine de mon navire rend de sa gestion. Les différentes parties du débit de ce compte, indiquent celles de l'article qu'il faut passer au journal; ainsi, le compte d'armement doit être débité des vivres achetés au Cap, et des réparations faites au navire (196); le compte de cargaison, des frais de déchargement (151); celui de marchandises générales, du prix courant des 210 milliers café, des 30 futailles indigo, et des 100 balles coton, que le capitaine a achetés, et doit me livrer en retour des fonds qu'il a reçus au Cap, pour mon compte; Andrieu, Laffite et Bernard, doivent être débités de ce qu'ils me doivent pour les marchandises à eux vendues à crédit; le compte des lettres et billets à recevoir, doit être débité de la traite sur Panjet, et la caisse doit être débitée des fonds qui me sont remis par le capitaine de mon navire (*b*).

(*b*) Les différentes parties du crédit du compte ci-dessus composent celles du crédit de l'article qu'il faut passer au journal. Ainsi, le compte d'armement doit être crédité des fonds reçus au Cap, par le capitaine, tant pour le frêt dont il a reçu le montant, que pour le prix du voyage des passagers (196); et le compte de cargaison, doit être crédité du produit total des marchandises qui la composoient (151), et qui ont été vendues au Cap.

[L'article qu'il faut passer pour les différentes parties du débit et du crédit du compte ci-dessus, est un *divers à divers*. Les parties du débit dudit compte, indiquent les divers débiteurs de l'article qu'il faut passer au journal, et les différentes parties du crédit indiquent les divers créanciers]: J'écris divers à divers: (466).

Du 20 Nivôse.

282. J'ai compté ce qui suit au capitaine Cominet :

Pour solde des frais de désarmement....	2500 fr.
Pour frais de déchargement des marchandises que l'on me porte en retour.......	4900
Pour les gages des équipages..........	18000
Pour le prix du voyage dudit capitaine.	6000
	31400 fr.

[Le compte d'armement doit être débité des frais de désarmement, des gages de l'équipage, et du voyage du capitaine (196) ; le compte de marchandises générales doit être débité des frais de déchargement.] J'écris : (467).

Dudit.

283. Nous avons évalué à 25000 fr. le frêt des marchandises qui m'ont été apportées en retour par mon navire la Josephine.................... 25000 fr.

[Le compte de marchandises générales doit être débité du frêt des marchandises que je reçois, et celui d'armement doit être crédité du prix de ce frêt, comme de celui des marchandises appartenant à d'autres particuliers.] J'écris : (468).

Du 22 Nivôse.

284. J'ai reçu 30000 fr. compté, pour le frêt des marchandises apportées par mon navire la Josephine, pour compte de divers.................. 30000 fr.

[La caisse doit être débitée, et le compte d'armement crédité.] J'écris : (469).

Du 22 Nivôse.

285. J'ai évalué à 20000 francs le frêt de la cargaison que j'ai envoyé au Cap, par mon navire la Joséphine. . . . . 20000 fr.

[Le compte de cargaison doit être débité (151), et celui d'armement doit être crédité.] (196). J'écris : (470).

Du 23 Nivôse.

286. J'ai reçu 10000 francs compté, pour le prix du passage de quatre colons apportés en Europe, par mon navire la Joséphine. . . . . 10000 fr.

[Le compte de caisse doit être débité, et celui d'armement crédité.] (196). J'écris : (471).

Dudit.

287. Le navire étant désarmé, il faut solder les comptes de cargaison et d'armement.

[Le compte de cargaison ayant été débité de l'achat des marchandises envoyées à l'Amérique, et crédité de leur produit total, doit être soldé par profits et pertes (151).

Le compte d'armement ayant été débité de tout ce qu'il a coûté, et crédité de tout ce qu'il a produit, doit également être soldé par profits et pertes.] (196). J'écris : (472).

Du 24 Nivôse.

288. Les suivans m'ont compté les sommes ci-après détaillées, dont il a été omis de passer écritures lorsque je les ai reçues.

Beaufour, 11000 francs pour solde de son compte; ci............................... 11000 fr.

Dupin, 20000 francs, qu'il m'a compté pour solde, ci........................... 20000

Oré, 2400 fr. pour ma traite, à son ordre et à vue, de pareille somme que j'ai tirée sur Jauge, de Paris, pour solde du compte courant de ce dernier, et de laquelle traite le sieur Oré m'a payé la valeur au pair, ci................................ 2400

Dupré, 27680 fr., pour le montant de ma traite, à son ordre et à vue, de pareille somme que j'ai tirée sur Robert, de Paris, pour solde du compte courant de ce dernier, et de laquelle traite ledit Dupré m'a payé la valeur au pair.................. 27680

61080 fr.

[Je reçois, ou j'ai reçu de l'argent dont il a été omis de passer écriture, lorsque je l'ai reçu : la caisse doit donc être débitée actuellement ; Beaufour et Dupin, qui me payent, doivent être crédités. Oré ne doit pas être crédité, parce que je lui fournis une lettre de change au pair, d'une valeur égale à l'argent qu'il me donne, d'où il suit que je ne reçois aucune valeur de lui dont je lui sois redevable. Les billets à recevoir ne doivent pas non plus être débités, parce que la lettre de change que je fournis à Oré, sur Jauge, de Paris, n'est pas un effet à recevoir, existant dans mon porte-feuille ; c'est purement et simplement un ordre que je donne audit Jauge, de payer pour solde de compte courant, la somme de 2400 francs ; c'est donc Jauge qui payera cette somme et qui en doit être crédité. Robert, de Paris, sur lequel je tire également une lettre de change par ordre de Dupré, doit aussi être crédité.] J'écris : (473).

289. Je ne multiplierai pas les exemples, par la raison que ceux que j'ai déjà donnés suffisent, ou sont de la même nature que tous ceux que l'on pourroit proposer; et sur-tout encore, parce qu'il est impossible qu'une personne qui a bien conçu les principes établis (28), et la manière d'en faire l'application, puisse être embarrassée dans aucun cas.

Maintenant que j'ai enseigné à passer les articles au journal, et à les rapporter au grand livre; il ne reste plus qu'à enseigner la manière de faire la balance générale des livres.

De la Balance générale des Livres.

290. Faire la balance générale des comptes du grand livre, c'est en arrêter et solder tous les comptes, afin de connoître le résultat de chacun en particulier et de tous en général.

291. Débiter un compte de la somme qui manque à son débit pour égaler son crédit (*a*), et créditer un compte de ce qui manque à son crédit pour égaler son débit (*b*), c'est ce qu'on appelle solder un compte.

(*a*) Lorsque le débit d'un compte est inférieur à son crédit, on solde ce compte, ou en d'autres termes, on en rend le débit égal au crédit, en débitant ce compte de la somme qui manque à son débit pour égaler son crédit, et en créditant un autre compte de cette même somme.

(*b*) Lorsque le crédit d'un compte est, au contraire, inférieur au débit, on crédite ce compte de la somme qui manque au crédit pour égaler le débit, et on débite un autre compte de cette même somme.

292. Pour connoître le résultat de chaque compte, c'est-à-dire ce que chaque compte doit pour solde, ou ce qui lui est dû, il suffit d'additionner les sommes portées au débit et au crédit de chacun.

293. Pour connoître le résultat de tous les comptes ouverts sur les livres d'un négociant, il faut :

1.° Solder par profits et pertes tous les comptes qui présentent de la perte ou du bénéfice (181) et suivans, ce qui réunit sur le compte de profits et pertes, toutes les pertes ou tous les bénéfices des autres comptes ;

2.° Solder le compte de profits et pertes par celui de capital (191), ce qui ajoute au crédit du compte de capital le montant des bénéfices que l'on a faits ; ou à son débit, le montant des pertes qu'on a éprouvées ; c'est-à-dire ce qui augmente ou diminue le capital que l'on possédoit ;

3.° Et solder tous les autres comptes par balance (229) ; ce qui réunit enfin au compte de balance le résultat de tous ces autres comptes, et fait connoître le résultat général.

Faire ces différentes opérations, ou solder ainsi les différens comptes, c'est, à proprement parler, ce qu'on appelle faire la balance des livres.

294. L'objet d'un négociant qui fait la balance générale des comptes du grand livre, est de connoître tout ce qu'il doit, tout ce qui lui est dû, et le montant de ce qu'il possède en argent, billets, marchandises, meubles, immeubles, etc.

Mais, pour enseigner avec plus de fruit la manière de balancer tous les comptes d'un grand livre, nous allons faire la balance des comptes du grand livre qui contient toutes les affaires que nous avons supposées.

De la Balance générale des Livres.

295. Un négociant doit faire la balance de ses livres chaque année, pour savoir au juste l'état de ses affaires. On la fait également lorsque les anciens livres sont pleins, et qu'il s'agit d'en connoître le résultat pour commencer de nouveaux livres; ou lorsqu'il s'agit de connoître les affaires d'un négociant qui a failli; ou lors de son décès; ou lors de la dissolution d'une société, etc.

Préparations nécessaires.

296. 1.° Un négociant qui veut faire sa balance, doit, avant tout, faire l'inventaire estimatif de tout ce qu'il possède, tant en marchandises, argent, billets à recevoir, qu'en immeubles, etc.; et de ce qu'il doit par billets. Observant de n'estimer les marchandises et autres effets, qu'à des prix modérés, afin de ne leur attribuer que la valeur qu'il pourroit en retirer au cours le plus bas;

2.° Il faut qu'il pointe de nouveau ses livres, c'est-à-dire, qu'il vérifie si les articles du journal sont bien rapportés au grand livre, (135), (136);

3.° Qu'il additionne le débit et le crédit de chaque compte du grand livre, sans exception;

4.° Qu'il réunisse sur une feuille, ou sur un cahier de papier, les débits des différens comptes, les uns au-dessous des autres, pour connoître le total de ces débits réunis; et qu'il en réunisse également tous les crédits, comme dans l'exemple suivant (297):

297. Selon l'addition faite au grand livre, du débit et du crédit de tous les comptes qui y sont établis et

qui ne sont pas déjà soldés, ces comptes sont débiteurs et créanciers des sommes suivantes, ce jour, 24 Nivôse an 10:

	Doivent :		Avoir :	
	fr.	c.	fr.	c.
Marchandises générales, folio 1 du grand livre....	387440	»	150356	»
Billets à recevoir, f.° 2....	101940	»	61940	»
Billets à payer, f.° 3......	26360	»	59565	»
Caisse, f.° 4.............	440708	69	400907	»
Profits et pertes, f.° 5....	65639	34	165258	»
James, de l'Isle-de-Fr., f.° 6.	......	..	4000	»
Lecoulteux, compte à ½, f.° 6.	56850	»	63219	73
Jean, f.° 7.	34400	»	37400	»
James, compte f.° 7......	52550	»	53347	30
Dupuy, f.° 8.............	62700	»	79900	»
Dupré, f.° 9.............	21200	»	90500	»
Bray, f.° 9..............	29445	»	145240	»
Navire la Josephine, f.° 10..	90000	»	......	..
Lecoulteux, f.° 10........	61200	»	42000	»
James, d'Amsterdam, f.° 10.	......	..	30000	»
Dubord, f.° 10...........	......	..	21500	»
Marie Brizard, f.° 11......	......	..	7500	»
Meydieu, f.° 11..........	......	..	48800	»
Pierre, f.° 11............	22000	»	18000	»
Assurances, f.° 12........	......	..	7000	»
Commissions, f.° 12.......	......	..	22664	»
Frais généraux, f.° 12......	5400	»	1336	»
Dépenses générales, f.° 13..	3000	»	......	..
Andrieu, Laffitte et C., f.° 14	27000	»	......	..
Dubergier, f.° 14.........	7000	»	......	..
	1498833	03	1498833	03

298.

298. Les sommes ci-dessus étant le produit des additions bien exactement faites de chacun des divers comptes du grand livre, le total des ces débits réunis doit nécessairement égaler celui des crédits ; puisqu'on n'a jamais porté un sou au débit d'un compte du grand livre, qu'on ne l'ait porté au crédit d'un autre. S'il existoit la moindre différence, elle décéleroit des erreurs qu'il faudroit chercher en pointant (135), (136), de nouveau les livres, en repassant toutes les additions déjà faites, et même en examinant chaque article du journal, si les premières recherches n'avoient pas réussi, recommençant toujours jusqu'à ce que les erreurs fussent découvertes.

299. Lorsque le total des débits des divers comptes du grand livre égale celui des crédits, il ne s'agit plus que de solder chacun de ces comptes en particulier ; savoir :

300. 1.° Ceux qui représentent en dernier résultat de la perte ou du bénéfice, par profits et pertes (181) et suivans ;

301. 2.° Celui de profits et pertes, par capital (191).

302. 3.° Et tous les autres par balance (229).

303. Il faut d'abord solder tous les comptes, qui ne sont que des subdivisions de celui des profits et pertes (300).

Manière de solder le Compte de frais généraux.

I.er EXEMPLE.

FRAIS GÉNÉRAUX	DOIVENT :		AVOIR :
Doivent au grand livre,	5400 fr.	avoir :	1336 fr.

[Le compte des frais généraux étant débité de la

somme de 5400 francs, et crédité de 1336 fr., f.° 12 du grand livre (296), je vois que le débit des frais généraux excède le crédit de 4064 fr.; et qu'ainsi j'ai déboursé 4064 fr. de frais, qui sont pour moi une perte réelle, puisqu'il ne m'en doit rien revenir : je dois donc débiter profits et pertes de cette perte, et en créditer pour solde, le compte de frais généraux.] (182) J'écris : (474).

2.e EXEMPLE.

304. Manière de solder le compte de commissions :

Commissions	Doivent :	Avoir :
Au grand livre, f.° 12.	rien.	2064 fr.

[Je vois ici que les 2064 francs du crédit du compte des commissions sont le total de celles que j'ai gagnées, ou de ce qu'elles m'ont produit ; je débite alors les commissions de cette somme, pour en solder le compte, et j'en crédite celui de profits et pertes.] J'écris : (475).

3.e EXEMPLE:

305. Manière de solder le compte d'assurances.

Assurances,	Doivent :	Avoir :
Au grand livre, f.° 12.	rien.	7000 fr.

[Le crédit du compte d'assurances est chargé du total des bénéfices qu'elles m'ont procuré, ou des primes que j'ai gagnées ; j'ai donc gagné 7000 francs, dont je dois créditer le compte des profits et pertes, et dont il faut débiter celui des assurances pour solde.] (184). J'écris : (476).

4.e EXEMPLE.

306. Manière de solder le compte de dépenses générales.

Dépenses générales	doivent	avoir
Au grand livre, f.º 13.	3000.	rien.

[Je vois ici que les 3000 francs du débit du compte de dépenses générales, sont le total de cell s que j'ai faites, et sont pour moi une perte, puisqu'il ne m'en doit rien revenir : je débite alors le compte de profits et pertes de cette somme, (183) et j'en crédite celui de dépenses générales pour solde.] J'écris : (477).

5.e EXEMPLE.

307. Manière de solder le compte à demi, à doubles colonnes, d'un correspondant étranger.

James d'Ams., c.te à ½.	Doit		Avoir	
col.	intérieure,	ord.,	intér.,	ordin.
Au g. l. fº 7.	24260fl. 3s. 5d,	56550fr. nc	22991fl 9s 5d.	52349fr 30c.

[Je vois par les colonnes intérieures du compte de James, f.º 7 du grand livre, qu'il doit plus de florins qu'il ne lui en est dû ; c'est-à-dire, qu'il a reçu de plus fortes sommes en monnoie de son pays, qu'il n'en a donné pour compte de la société. Conséquemment, il doit personnellement à la société, ou au compte à demi, les 1268 fl.s 14 s. qu'il a reçus au-delà de ce qu'il a déboursé ; lesquels florins valent, au change de 54 deniers, qui est le cours de ce jour, la somme de 2819 francs 33 cent. ; je dois donc le débiter, en son nom particulier, de la somme de 2819 francs 33 cent. ; et en créditer son compte à demi, tant en florins qu'en argent de France.] (212). J'écris : (478).

Les colonnes intérieures, étant ainsi balancées au compte à demi de James, il en résulte qu'il a restitué ce qu'il avoit reçu au-delà de ses débours, et qu'il ne reste plus qu'à solder les colonnes ordinaires.

308. Or, le montant du crédit du compte à demi de James, est augmenté de 2819 francs 33 cent., par le transport au grand livre de l'article précédent. (307). Le montant de la colonne ordinaire du crédit, qui s'élevoit à 52347 francs 30 cent., s'élève maintenant à la somme de 55166 fr. 63 cent., tandis que le montant de la colonne du débit s'élève à 56550 ; je lui ai donc envoyé, en argent de France, 1383 fr. 37 c. de plus que je n'ai reçu de lui ; même en y comprenant ce qu'il doit personnellement pour solde des fonds qu'il a reçus en monnoie de son pays.

En dernier résultat, les opérations de banque faites de compte à demi avec James, ont donc produit une perte de 1383 francs 37 centimes, puisqu'il ne reste rien dans les mains de James, au-delà de ce qu'il a déboursé, et que j'ai déboursé moi-même 1383 francs 37 cent. au-delà de ce que j'ai reçu, et de ce qui est dû personnellement par James, pour solde des recouvremens qu'il avoit faits en monnoie de son pays.

Cette perte de 1383 francs 37 centimes, étant faite pour compte de la société, James en doit donc personnellement la moitié ; le compte de profits et pertes doit donc aussi être débité de la moitié de cette même perte que je dois supporter ; et le compte à demi de James, doit être crédité du total, pour solde en argent de France seulement], (214). J'écris : (479).

Ces différentes sommes rapportées aux différens comptes du grand livre, opèrent la solde du compte à demi de James.

6.e EXEMPLE.

309. Manière de solder le compte à demi, à double colonnes, d'un correspondant qui habite le même pays que nous.

Lecoulteux, de Paris, c. à ½	Doit :	Avoir :	
Col. intér.	ord.,	intér.,	ordinaire.
Au grand livre, 59163 fr. 60 c.	56850 fr.	61051 fr.	63219 f. 73 c.

[Je vois par les colonnes intérieures du compte à demi de Lecoulteux, f.° 6, qu'il a déboursé 1887 fr. 40 c. au-delà des fonds qu'il a reçus pour compte de la société; la société, ou en d'autres termes, Lecoulteux, compte à demi, doit donc à Lecoulteux 1887 fr. 40 c. que ce dernier a fourni au-delà de ce qu'il a reçu. Je dois donc débiter Lecoulteux, compte à demi, de 1887 fr. 40 cent., que je rapporterai au grand liv., tant dans la colonne intérieure que dans la colonne ordinaire du débit du compte à demi de Lecoulteux; et je dois en créditer personnellement Lecoulteux, (223)]. J'écris: (480).

310. Lecoulteux étant crédité pour solde de ses débours, ou en d'autres termes, les colonnes intérieures étant balancées, et le résultat de leur solde ayant augmenté de 1887 fr. 40 cent. le montant de la colonne ordinaire du débit, ce qui l'élève à 58737 fr. 40 cent., il ne reste plus qu'à balancer les colonnes ordinaires. Or, le montant de la colonne ordinaire du débit, s'élève actuellement à la somme de 58737 fr. 40 cent.; et le montant de la colonne ordinaire du crédit, s'élève à 63219 fr. 73 cent. Le montant des sommes que j'ai reçues pour compte de la société, excède donc de 4482 fr. 33 cent celles que j'ai déboursées; même en y comprenant ce qui est dû personnellement à Lecoulteux, pour solde de ses débours.

Ces 4482 fr. 33 cent., sont donc le bénéfice produit par les opérations de banque, faites de compte à demi avec Lecoulteux, (224).

La société, ou en d'autres termes, le compte à demi de Lecoulteux, doit donc être débité de ce bénéfice pour solde ;

Lecoulteux, doit donc être crédité personnellement de sa moitié de ce-bénéfice, montant à 2241 fr. 17 cent. et profits et pertes de ma moitié, (225). J'écris: (481).

311. Manière de solder le compte de march. générales.

Marchandises générales,	Doivent:	Avoir:
Au grand livre, f.° 1,	387440	150356.

La situation du compte de marchandises générales étant telle que ci-dessus, je vois, sur l'inventaire qui a été fait de ce que je possède, quelles sont les marchandises qui me restent (334).

[Je vois donc qu'il me reste pour 326000 francs de marchandises évaluées au cours actuel, et détaillées sur l'inventaire, (334). Je crédite marchandises générales, et je débite le compte de balance de sortie de cette somme (332).] J'écris: (482).

312. Or, les marchandises générales ayant été débitées de toutes celles que j'ai achetées, montant à 387440 francs, et ayant été créditées de celles déjà vendues montant à 150356 francs, de même que de celles qui me restent en magasin montant à 326000 fr., lesquelles deux sommes réunies font celle de 476355 fr.: il est donc évident qu'elles m'ont produit, ou me produiront, 88916 francs de plus qu'elles ne m'ont coûté: et par conséquent un profit net de 88916 fr.; je débite marchandises générales de cette somme pour solde, et j'en crédite profits et pertes. J'écris: (483).

313. Manière de solder le compte d'un navire.

Navire la Joséphine,	Doit.	Avoir.
Au grand livre, f.° 10.	90000	rien.

Le navire la Josephine m'a coûté 90000 francs, mais il ne vaut néanmoins aujourd'hui que 80000 francs, d'après l'inventaire estimatif (333). Le compte de balance doit donc être débité de ces 80000 francs (232), et le compte du navire doit en être crédité. J'écris : (484).

314. Le compte du navire la Josephine, étant maintenant crédité de la valeur de ce navire, montant à 80000 francs, et débité de 90000 fr. qu'il a coûté, il est évident que ce compte présente une perte de 10000 francs ; je dois donc débiter profits et pertes de cette somme, et en créditer le compte du navire pour solde, (195). J'écris : (485).

315. On solde de la même manière tous le comptes ouverts aux effets en nature qui sont susceptibles de rapporter du bénéfice ou de la perte.

On doit les créditer, par balance, du montant des effets de leur espèce que l'on possède selon l'inventaire, comme dans l'exemple ci-dessus, et il faut les solder par profits et pertes, soit pour la perte ou pour le bénéfice qu'ils présentent, ainsi qu'on l'a vu.

316. Tous les comptes susceptibles de porter du bénéfice ou de la perte, étant soldés, leurs résultats en perte ou en bénéfice ont augmenté le débit et le crédit du compte de profits et pertes, qui réunit, par ce moyen, les bénéfices et les pertes de tous ces autres comptes ; il ne reste donc plus qu'à solder le compte de profits et pertes lui-même, mais il ne doit l'être qu'après tous les précédens.

317. Manière de solder le compte de profits et pertes.

Profits et Pertes,	Doit :			Avoir :	
Au gr. liv., f.° 5...	65639	34		165258	»
A fr. généraux, (303).	4064	»	Par commiss., (304).	2064	»
A Dép. gén., (306).	3000	»	Par assurances (305).	7000	»
A James, c. à ½, (308)	691	68	Par L.x, c.te à ½ (310).	2241	16
A nav. la Joseph. (313)	10000	»	Par m s g.s, (312)...	88916	»
	83395,	2.		265479,	16

Le compte de profits et pertes, ayant été débité de toutes les pertes que j'ai faites, montant à 65639 fr. 34 c., (297) et crédité des bénéfices, montant à 165258 fr. (297). Ce compte ayant été débité en outre de la solde des divers autres comptes qui ont présenté de la perte, (303), (306), (308), (313), son débit, qui ne s'élevoit, dans le principe, qu'à 65639 fr. 34 c., s'élève maintenant à 83395 fr. 2 c. Ce même compte ayant également été crédité en outre de la solde des divers autres comptes qui ont produit du bénéfice (304), (305), (310), (312), son crédit, qui ne s'élevoit, dans le principe, qu'à 165258 francs, s'élève maintenant à 265479 fr. 16 c.

Je n'ai donc perdu en total que 83395 fr. 2 c., et j'ai gagné 265479 fr. 16 c.; il en résulte donc, qu'après avoir soustrait les pertes des bénéfices, il me reste un profit net de 182084 fr. 14 c., dont je dois créditer mon compte de capital (227), et débiter celui de profits et pertes pour solde. J'écris : (486).

318. Lorsque tous les comptes, susceptibles de porter de la perte ou du bénéfice, sont soldés par celui de profits et pertes, et que ce dernier est soldé par le compte de capital, celui-ci et tous les autres comptes doivent être soldés par balance, comme suit :

319. Manière de solder le compte de caisse.

Caisse,	Doit :	Avoir :
Au grand livre, f.° 4.	440708 fr. 69 c.	400907 fr.

Le compte de caisse ayant été débité de tout l'argent que j'ai reçu, montant à 440708 fr. 69 c., et crédité de tout celui que j'ai donné en payement, montant seulement à 400907 fr., il doit rester nécessairement en caisse 39801 fr. 69 c.; ayant vu sur mon inventaire (335) que cette somme est effectivement en caisse, j'en débite le compte de balance (232), et j'en crédite celui de caisse pour solde. J'écris : (487).

320. Manière de solder le compte de billets à recevoir.

Lettres et billets à recevoir,	Doivent :	Avoir :
Au grand livre, f.° 2.	101940 fr.	61940 f.

Ce compte ayant été débité de 101940 fr., montant de la totalité des billets que j'ai reçus, et ayant été crédité de 61940 fr. montant de ceux que j'ai mis dehors, il doit rester en porte-feuille pour 40000 fr. de billets. Il s'en trouve effectivement pour cette somme, suivant l'inventaire (336).

[Je débite le compte de balance du montant de ces billets (232), et j'en crédite, en détaillant les billets, celui de lettres et billets à recevoir pour solde.] J'écris : (488).

321. Manière de solder le compte des lettres et billets à payer.

Lettres et billets à payer.	Doivent :	Avoir :
Au grand livre, folio 3.	26360 fr.	59565 fr.

[Ce compte ayant été crédité de tous mes billets que j'ai faits et donnés en payement, montant à 59565 fr., et ayant été débité de ceux que j'ai déjà payés, montant seulement à 26360 fr., il est évident qu'il reste encore pour 33205 francs de mes billets en circulation. Il y en a, en effet, pour cette somme en circulation, suivant l'inventaire (340).

[Je débite en détail le compte des lettres et billets à payer de cette somme pour solde, et j'en crédite celui de balance] (234). J'écris : (489).

322. Manière de solder les comptes des particuliers dont le crédit excède le débit.

1.er EXEMPLE.

James, d'Amsterdam	Doit :	Avoir :
Au grand livre, f.° 10.	rien.	30000 fr.
A James, compte à demi (307).	691 fr. 69 c.	
A idem (308).	2819 33	

Je vois que je devois à James 30000 francs, et qu'il ne me devoit rien ; mais qu'il est devenu mon débiteur de 2819 fr. 33 c. pour solde de ce qu'il a reçu de plus qu'il n'a donné en monnoie de son pays (307), et de 691 fr. 69 c. pour solde de sa part des pertes des opérations de banque, faites de comptes à demi avec lui (308) ; lesquelles sommes réunies s'élèvent à celle de 3511 fr. 2 c. ; je ne lui dois donc actuellement que 26488 fr. 98 c. : je l'en débite pour solde, et j'en crédite le compte de balance comme si ce dernier compte payoit James. J'écris : (490).

2.e EXEMPLE.

Jean	Doit :	Avoir :
Au grand livre, f.° 7.	34400 fr.	37400 fr.

Je vois que je dois 3000 fr. à Jean, pour solde ; je débite Jean de cette somme, dont je crédite le compte de balance, comme si ce compte payoit Jean (233). J'écris : (491).

3.e EXEMPLE.

Dupui	Doit :	Avoir :
F.° 8 du grand livre.	62700 fr.	79900 fr.

Je vois que je dois 17200 fr. à Dupui ; je le débite de cette somme pour solde, et j'en crédite le compte de balance (233). J'écris : (492).

4.e EXEMPLE.

Dupré	Doit :	Avoir :
Au grand livre, f.° 9.	21200 fr.	90500 fr.

Je vois que je dois 69300 fr. à Dupré ; je débite son compte de cette somme pour solde, et j'en crédite celui de balance (233). J'écris : (500).

5.e EXEMPLE.

Brai	Doit :	Avoir :
Au grand livre, f.° 9.	29445 fr.	145240 fr.

Je vois que je dois à Brai 115795 francs ; je débite son compte de cette somme pour solde, et j'en crédite celui de balance (233). J'écris : (493).

6.e EXEMPLE.

James, de l'Isle-de-France	Doit :	Avoir :
Au grand livre, f.° 6.	rien.	4000 fr.

Je vois que je dois à James, de l'Isle-de-France, 4000 francs ; je débite son compte de cette somme pour solde, et j'en crédite celui de balance (233.). J'écris : (494).

7.e EXEMPLE.

Dubord,	Doit :	Avoir :
Au grand livre, f.° 10.	rien.	21500 fr.

Je vois que je dois à Dubord, 21500 francs ; je débite son compte de cette somme pour solde, et j'en crédite celui de balance (233). J'écris : (495).

8.e EXEMPLE.

Marie Brizard	Doit :	Avoir :
Au grand livre, f.° 11.	rien.	7500 fr.

Je vois que je dois à Marie Brizard, 7500 francs ; je débite son compte de cette somme pour solde, et j'en crédite celui de balance (233). J'écris : (496).

9.e EXEMPLE.

Meydieu	Doit :	Avoir :
Au grand livre, f.° 11.	rien.	48800 fr.

Je vois que je dois à Meydieu, 48800 francs; je débite son compte de cette somme pour solde, et j'en crédite celui de balance (233). J'écris : (497).

10.e EXEMPLE.

Pierre	Doit :	Avoir :
Au grand livre, f.° 11.	22000 fr.	28000 fr.

Je vois que je dois à Pierre, 6000 francs; je débite son compte de cette somme pour solde, et j'en crédite celui de balance (233). J'écris : (498).

323. Manière de solder les comptes des particuliers, dont le débit excède le crédit.

Lecoulteux,	Doit :		Avoir :	
Au g. l., f.° 6.	61200 fr.		42000 fr.	» c.
		Par Lecoult. (309).	1887	40
		Par idem.	2241	17
			46128 fr.	57 c.

Lecoulteux me devoit 61200 francs, et je ne lui devois que 42000 francs; mais la solde du compte à demi de Lecoulteux, a augmenté le crédit de son compte courant de 1887 fr. 40 c. d'une part, et de 2241 fr. 17 c. de l'autre; ce qui l'élève à 46128 fr. 57 c. Il ne me doit donc maintenant pour solde, que 15071 fr. 43 c. J'en débite le compte de balance (231), et j'en crédite Lecoulteux, pour solde. J'écris : (499).

Andrieu, Laffite et Bernard	Doivent :	Avoir :
F.° 14.	27000 fr.	rien.

Je vois qu'Andrieu, Laffite et Bernard me doivent 27000 francs; je débite le compte de balance (231) de cette somme, et je crédite Andrieu, Laffite et Bernard, pour solde. J'écris : (501).

Dubergier,	Doit :	Avoir :
F.º 74.	7000 fr.	rien.

Je vois que Dubergier me doit 7000 fr.; je débite le compte de balance (231) de cette somme, et j'en crédite celui de Dubergier, pour solde. J'écris : (502).

Tous les comptes étant soldés, il ne reste plus à balancer que celui de capital.

324. Manière de solder le compte de capital.

Capital,	Doit :	Avoir :
Au grand livre.	rien.	Par p. et p. (317). 182084 fr. 14 c.

Il n'existoit pas de compte de capital sur mes livres avant que j'eusse commencé à en solder les comptes; parce que j'ai commencé à faire des affaires sur mon crédit, et sans aucun capital. Mais, ayant soldé mon compte de profits et pertes, et ayant gagné, y compris des dons qui m'ont été faits par mon père, une somme de 182084 fr. 14 c., j'en ai débité le compte de profits et pertes pour solde, et j'en ai crédité celui de capital, ce qui a produit un crédit de pareille somme à ce dernier compte.

Possédant donc actuellement un capital de 182084 fr. 14 c., je débite le compte de capital de cette somme pour solde, et j'en crédite le compte de balance (235). J'écris : (503).

Cet article étant passé au journal, on le rapporte au grand livre au débit du compte de capital, ce qui en opère la balance; et au crédit de celui de balance, ce qui le solde également (235).

325. Tous les articles passés au journal, pour solder les différens comptes ci-dessus étant exactement rapportés au grand livre, il est évident,

1.° Que tous les bénéfices et toutes les pertes des différens comptes, susceptibles d'en rapporter, sont réunis au compte de profits et pertes (317) et suivans;

2.° Que le résultat du compte de profits et pertes est porté à celui de capital;

3.° Que celui de capital, et de chacun des autres comptes, est porté au compte de balance (311), (319) et suivans;

4.° Et par conséquent, que le compte de balance réunit les résultats de tous les autres comptes.

Ainsi, toutes les sommes qui m'étoient dûes par les différens comptes qui ont été soldés par balance, et toutes celles qui étoient au crédit des différens comptes, soldés par balance, sont réunies au débit et au crédit de ce dernier compte.

Conséquemment, le débit de balance contient le montant de tout ce que je possède en marchandises, billets, argent et autres objets, ainsi que tout ce qui m'est dû par mes différens débiteurs; et le crédit du compte de balance, contient tout ce que je dois en billets et aux divers créanciers, ainsi que le montant de mon capital liquidé.

326. Or, comme ce que je dois à mes créanciers, et ce qui me reste au-delà, qui compose mon capital liquidé, doit égaler le montant de tout ce que je possède, le crédit du compte de balance doit nécessairement être égal à son débit; et par conséquent, ce compte, qui a servi à solder tous les autres, doit nécessairement être soldé lui-même par celui de capital.

En dernier résultat, tous les comptes du grand livre sont donc soldés par les opérations précédentes, et le compte de balance qui en réunit tous les résultats, fait connoître, avec la plus grande précision, quel est le montant de l'actif (*a*) et celui du passif (*b*) du négociant auquel appartenoient les livres dont on a balancé tous les comptes.

327. Ces opérations étant faites, le compte de balance sert à dresser l'inventaire, le bilan ou état général, tant de ce que l'on possède en effets en nature, que des dettes actives (*c*) et passives (*d*), parce que le débit de balance comprend toutes les parties de l'actif, et son crédit celle du passif.

Cet état général, qui résulte de l'inventaire des objets que l'on possède, et de la balance générale des comptes du grand livre, est ce que l'on appelle un bilan ou un inventaire général.

328. Les négocians sont assujettis par la loi (*e*) à faire leur bilan, ou inventaire général, au moins tous les deux ans, afin qu'ils puissent diriger leurs opérations avec prudence, et sans outre-passer leurs moyens; ils sont également obligés de le dresser dans le cas où ils on le malheur de tomber en faillite, ou de suspendre

---

(*a*) Tout ce qu'un négociant possède en marchandises, billets, &c., et tout ce qui lui est dû; en un mot, tout ce qu'il possède, est ce qu'on appelle, dans le commerce, l'actif de ce négociant.

(*b*) Ce qu'un négociant doit par billets, ou à diverses personnes, est ce qu'on appelle le passif de ce négociant.

(*c*) Les dettes actives sont celles qui sont dûes à un négociant.

(*d*) Les dettes passives sont celles qu'un négociant doit.

(*e*) Voyez l'ordonnance de commerce de 1673.

leurs payemens, afin que leurs créanciers puissent juger de la manière dont leurs fonds ont été employés.

329. L'on doit également faire cet inventaire lors du décès d'un négociant, ou lors de la dissolution d'une société, afin de liquider la succession ou les droits des divers associés.

On ne peut donc dresser un bilan exact, qu'après avoir fait la balance générale des livres. L'art de dresser ce bilan, est donc celui de solder et de balancer tous les comptes établis sur les livres d'un négociant, selon les droits de ses différens débiteurs et créanciers, et selon les principes de la tenue des livres.

On ne peut donc dresser ce bilan, en cas de faillite, que lorsqu'on réunit aux connoissances d'un teneur de livres, celles des lois du commerce et des lois civiles. A défaut, on court le risque, en commettant des erreurs, de les voir imputées à crime contre le failli, dont les créanciers suspectent, la plupart du temps, la probité, et sont disposés à le punir de ce qu'il leur fait perdre une partie de ce qu'il leur doit.

On conçoit donc que l'art de dresser un bilan n'est pas simplement celui de faire une note controuvée, supposée ou approximative de ce qu'un négociant possède, et que tout individu qui sait copier des écritures pourroit faire : c'est une opération dont on peut démontrer mathématiquement l'exactitude ou la fausseté, et qu'un négociant failli ne peut, en conséquence, confier à des hommes ignorans ou de mauvaise foi, sans courir le danger d'être accusé du crime de banqueroute frauduleuse.

Il n'est pourtant malheureusement que trop commun de voir ces opération confiées à des hommes sans moralité, comme sans connoissances, qui ont la hardiesse

de

de s'en charger, quoiqu'ils ne connoissent ni la comptabilité des négocians, ni leurs usages, ni les lois. De-là cette foule d'affaires interminables, où les créanciers perdent tout, et où le failli perd lui-même son état, son honneur et toutes les ressources qu'il auroit pu tenir de la clémence de ses créanciers, s'ils avoient été convaincus de la réalité de ses pertes, et du légitime emploi de leurs fonds; et s'ils avoient été éclairés sur leurs vrais intérêts, qui doivent les porter à concourir au rétablissement de la fortune de leur débiteur, lorsqu'ils n'ont que ses malheurs à lui reprocher.

330. Quoique la rédaction de l'inventaire ou du bilan d'un négociant, ne présente aucune difficulté lorsque la balance générale des comptes au grand livre est faite, je vais cependant donner le modèle de celui qui résulte de la balance qui vient d'être faite, et de l'inventaire que l'on suppose avoir été fait des marchandises en magasin, et autres effets, etc.; mais, c'est moins pour offrir un modèle inutile, en ce qu'aucun bilan ne ressemble à un autre, que pour réunir les matériaux des articles qu'il faudra passer pour solder les comptes sur les anciens livres, et pour les r'ouvrir sur les nouveaux.

---

331. *Inventaire, Etat ou Bilan général, tant des Marchandises, Vaisseaux, Billets, etc, que des dettes actives et passives de Pierre Mallet, Négociant à Bordeaux.*

332. ACTIF.

Effets Mobiliers.

333. Mon navire la Josephine, évalué, dans l'état où il est actuellement..........		80000 »
334. *Marchandises en Magasin.*		
3 Tonn. vin rouge, à 1000 fr.	3000 »	
200 Mètres drap commun, à 10 francs le mètre........	2000 »	
10500 Myriagram. café, à 20 fr. le myriagramme.........	210000 »	
30 Futailles indigo...........	7000 »	
100 Balles coton.............	41000 »	
		326000 »
335. *Argent en Caisse.*		
Fonds qui sont en caisse, conformément au bordereau qui en a été fait............		39801 69
336. *Effets en Porte-Feuille.*		
Billets de Jean, à mon ordre, à 6 mois....................	4000 »	
Idem, de Dupui.............	6000 »	
Idem, de Paul..............	1000 »	
Porté ci-contre.....	11000 »	
Porté ci-contre...........		445801 69

Transport du montant de l'actif.....		445801 96
Transp. des effets en porte-feuille.	11000 »	
Idem, de Bonnafous.........	10000 »	
Idem, de Jaure............	4000 »	
Idem, de Bonnafé...........	4000 »	
Idem, de Dupré............	1000 »	
Idem, de Brai.............	1000 »	
Idem, de Dupui............	1000 »	
Traite de Durand, sur Pauget.	8000 »	
		40000 »
337. *Débiteurs par Compte.*		
Lecoulteux me doit pour solde de compte.....................	15071 43	
Andrieu, Laffite et Bernard...	27000 »	
Dubergier.................	7000 »	
		49071 43
338. Total de l'actif...........		534873 12
339. PASSIF.		
340. *Créanciers par Billets, ou note de mes Billets en circulation.*		
André, pour mon billet, à son ordre.....................	10000 »	
Dupui, idem..............	6000 »	
Robert, pour sa traite que j'ai acceptée.....................	7205 »	
Bonnafons, pour mon billet à son ordre...................	10000 »	
Porté en l'autre part..........		33205 »

Transport du montant du passif.......		33205 »

341. *Créanciers par Compte.*

James, d'Amsterdam, pour autant que je lui dois pour solde de compte....................	26488	98	
Jean, idem.................	3000	»	
Dupui, idem................	17200	»	
Dupré, idem................	69300	»	
Brai.......................	115795	»	
James, de l'Isle-de-France, ci.	4000	»	
Dubord.....................	21500	»	
Marie Brizard..............	7500	»	
Meidieu....................	48800	»	
Pierre.....................	6000	»	
			319583 98
Total du passif.....			352788 98

RÉSULTAT.

ACTIF.			PASSIF.		
Navire...........	80000 fr.	»c.	Créanciers par bill.	33205 fr.	»c.
Marchandises......	326000	»	*Id.* par compte....	319583	98
Argent...........	39801	69	Passif.....	352788	98
Billets à recevoir...	40000	4	342. Partant, mon		
Débiteurs par c....	49071	3	capital net est de...	182084	14
Actif....	534873	12		534873	12

Certifié le présent état sincère et conforme à mes livres.

Bordeaux, le 19 Nivôse an 10.

MALLET.

Manière de r'ouvrir sur les nouveaux livres, tous les comptes soldés sur les anciens.

343. Lorsque la balance de sortie est bien faite, et que l'on connoît les résultats exacts de tous les comptes que l'on a soldés, ou plutôt que l'on connoît l'état général de tout ce que lon possède et de tout ce que l'on doit, il ne s'agit plus que d'ouvrir sur les nouveaux livres, par le moyen du compte de balance d'entrée (238), tous les comptes que l'on a soldés par celui de balance de sortie.

Par exemple, le débit du compte de balance de sortie s'élèvant, f.° 11 du grand livre, à 534873 fr. 12 c., ou ce qui est égal, le total de l'actif ou des objets et des créances que l'on possède, s'élevant à cette même somme, d'après l'inventaire résultant de la balance générale qui a été faite de tous les comptes (332), il faut passer écriture de toutes les parties de cet actif (338).

Savoir : il faut débiter le navire la Josephine, de la valeur actuelle de ce navire (333), les marchandises de celles que l'on possède et qui existent dans le magasin (334), le compte de caisse de l'argent que l'on a (335), celui de billets à recevoir, des effets que l'on a en porte-feuille, observant de les écrire en détail (336), Andrieu, Laffite et Bernard, Lecoulteux et Dubergier, de ce qu'ils doivent pour solde de compte (337); et il faut créditer le compte de balance d'entrée du total (238). Ecrivez donc : DIVERS DOIVENT A BALANCE D'ENTRÉE, etc. (239).

344. D'un autre côté, le crédit du compte de balance de sortie, s'élevant aussi à 534873 fr. 12 c.,

f.° 11 du grand livre, y compris le capital net, qui est de 182084 fr. 14 c., ou ce qui est la même chose, en termes différens, le total du passif s'élevant seulement à 319583 fr. 98 c., et le capital à 182084 fr. 14 c.; il faut débiter la balance d'entrée de la totalité du passif (342) et du capital (343); ou en d'autres termes, il faut le débiter de 534873 fr. 12 c., et il faut créditer les billets à payer de ceux qui sont encore en circulation, en observant de les écrire au détail (340); James, Jean, Dupui, Dupré, Brai, James de l'Isle-de-France, Dubord, Marie Brizard, Meidieu, Pierre, et le compte de capital, doivent également être crédités chacun de ce qui lui est dû (341), (343). Ecrivez donc : Balance d'entrée doit à divers, etc. (240).

Ces deux articles (343), (344), étant passés au journal, et rapportés au grand livre, après qu'on y a ouvert tous les comptes des débiteurs et des créanciers, le compte de balance d'entrée se trouve soldé, et tous les autres comptes sont débités ou crédités de ce qu'ils doivent ou de ce qui leur est dû pour solde d'ancien compte.

Par ce moyen, tous les comptes sont donc ouverts sur les nouveaux livres, tels qu'ils doivent l'être; puisque les comptes du navire, des marchandises, des billets à recevoir, de caisse, sont débités de la valeur du navire, des marchandises, des billets et de l'argent que l'on possède; Lecouteulx, Andrieu, Laffite Bernard et Dubergier, de ce qu'ils doivent pour solde d'ancien compte; et puisque les billets à payer sont crédités, comme ils doivent l'être, de ceux qui sont encore en circulation; que James, Jean, Dupui et tous les autres créanciers sont crédités chacun de ce qui lui est dû, et que capital est crédité de celui que l'on possède.

Telle est la manière de finir par balance de sortie tous les livres, et d'en commencer de nouveaux par balance d'entrée, qui est, comme on le voit, l'inverse de la première (*a*).

345. Quant à ceux qui veulent commencer des livres, et qui n'en ont jamais tenu, ils doivent faire leur inventaire et en passer écriture par capital, comme je l'ai déjà indiqué (228).

346. *Des liquidations de Succession ou de Société.*

Il ne resteroit rien à ajouter aux principes déjà établis, pour enseigner à faire la balance des comptes du grand livre, s'il ne s'agissoit, dans tous les cas où on l'a fait, que de balancer les comptes établis sur les livres d'un négociant qui ne doit partager son capital avec personne; mais lorsqu'il s'agit de liquider la succession d'un négociant et d'en distribuer le capital à ses différens héritiers, ou de liquider une société lors de sa dissolution, et d'en distribuer les capitaux aux associés qui se séparent, certains teneurs de livres prétendent que ces opérations offrent des difficultés particulières.

Il ne sera donc pas inutile de démontrer que ces opérations sont aussi faciles que les balances ordinaires.

(*a*) La balance d'entrée est en effet l'inverse de la balance de sortie, puisque cette dernière sert à solder ou à clore tous les comptes, et que la première sert au contraire à les ouvrir.

De la Liquidation d'une Succession.

Supposons que Nicolas Wessel en Hollande, a laissé les mêmes livres de comptes que ceux qui viennent d'être balancés, et par conséquent qu'il a laissé le même actif et le même passif que celui de l'inventaire précédemment établi (331), avec cette seule différence que les 534873 fr. 12 cent. de cet inventaire, sont 534873 fl.s 12 cent. de fl.s, mais que cet actif n'était pas connu à l'époque de son décès, attendu qu'il ne peut l'être qu'après la balance générale des comptes établis sur ses livres.

Supposons également qu'il a légué à Marie Peters son épouse........................... 30000 fl.s

A Jeanne Wessel sa sœur................ 5000

A Pierre Wessel son frère............... 3000

A Marie Wessel sa fille aînée, le tiers de sa succession, déduction faite des legs précédens, et qu'il a nommé Guillaume Wessel son fils légataire universel, et exécuteur testamentaire.

Guillaume Wessel fils, pour liquider ou fixer le tiers de la succession qui appartient à sa sœur, et ce qui lui appartient à lui même, doit faire la balance générale des comptes établis sur les livres de son père, et l'inventaire des effets qu'il a laissés, exactement comme cela vient d'être fait pour opérer la précédente balance (297).

Cette balance étant la même que celle déjà opérée (297), et étant faite exactement de la même manière, il reconnoîtra aisément que le capital net de son père, est de 182084 florins 14 centimes de florins, comme ci-dessus (342).

347. Alors, au lieu de solder le compte de capital

par balance, comme un négociant à qui ce capital appartiendroit devroit le faire, et comme cela a été fait précédemment (324), il faut que Guillaume Wessel, débite, en premier lieu, le compte de capital des 30000 florins légués à Marie Peters, des 5000 florins légués à Jeanne Wessel, ainsi que des 3000 florins légués à Pierre Wessel, et qu'il en crédite Marie Peters, Jeanne Wessel, et Pierre Wessel, comme suit:

CAPITAL à DIVERS, 30000 florins pour le montant des legs faits aux suivans, par Nicolas Wessel, décédé.

A MARIE PETERS, 30000 florins pour le legs qui lui a été fait par Nicolas Wessel, dont elle doit être créditée, ci.	30000 fl.s
A JEANNE WESSEL, 5000 florins pour *idem*, ci	5000
A PIERRE WESSEL, 3000 fl. pour *id.* ci.	3000
	38000

Cet article étant rapporté au grand livre, chacun des légataires est crédité de ce qui lui est dû selon la volonté du testateur, et le compte de capital est débité de 38000 florins.

348. Maintenant, en retranchant ces 38000 florins, qui sont au débit du compte de capital des 182084 fl. 14 centimes de florins, qui sont au crédit de ce même compte, le capital se trouve réduit à la somme de 144084, 14 fl.s, dont le tiers, qui s'élève à 48028 fl.s 05, appartient à Marie Wessel; et les deux tiers restants, qui s'élèvent à 96056, 09 florins, appartiennent à Guillaume Wessel, légataire universel, exécuteur testamentaire et liquidateur naturel de la succession.

Guillaume Wessel, qui représente son père, comme héritier universel, et comme exécuteur testamentaire, doit donc débiter le compte de capital des 48028, 05 fl.s qui reviennent à Marie Wessel sa sœur, pour son tiers de la succession, et en créditer ladite Marie Wessel; et après avoir ainsi distribué aux différens héritiers particuliers tout ce qui peut leur revenir du capital liquidé de la succession, il doit débiter pour solde le compte de capital des 96056, 09 fl.s qui lui appartiennent pour les deux tiers de la succession, et en créditer son compte particulier, comme suit :

CAPITAL DOIT A DIVERS, 144084 florins 14 centim. de florins pour solde du compte de capital, et de ce qui revient aux suivans pour leur part liquidée de la succession de leur père décédé;

A MARIE WESSEL, 48028 florins 05 centimes, pour son tiers de la succession liquidée de son père.	48028fl.	05
A GUILLAUME WESSEL, 96056, 09 centimes, pour les deux tiers de ladite succession, (*a*).............	96056	09
	144084	14

(*a*) Wessel auroit pu créditer balance de sortie, au lieu de créditer son compte particulier des deux tiers de la succession, et débiter dans la suite balance d'entrée envers capital, lorsqu'il ouvriroit les comptes sur les nouveaux livres.

349. Par le moyen de la balance générale des comptes du grand livre, la succession est liquidée. Par le moyen des articles précédens (347), (348), le capital liquidé de la succession est distribué aux héritiers selon la volonté du testateur, et le compte de capital est soldé.

350. Il ne reste plus qu'à solder les comptes de tous les héritiers par balance, comme on solde les comptes des particuliers, (233).

En ouvrant ensuite, sur les nouveaux livres, par balance d'entrée (238) tous les comptes soldés par celui de balance de sortie (230) sur les anciens, chaque compte est débité ou crédité sur les nouveaux livres, comme il doit l'être pour solde, chaque héritier est crédité de ce qui lui est dû pour sa part de l'hérédité, et par conséquent les comptes de la succession sont liquidés.

Mais l'hérédité ne sera liquidée qu'autant que l'héritier universel aura payé tous les créanciers du décédé, tous les légataires, et sa sœur qui est co-héritière.

351. En supposant donc qu'il continue les affaires de son père, et qu'il survienne des pertes pour la succession, telles que des faillites de la part des débiteurs de la succession, ou que la moins valeur des marchandises et des effets composant l'hérédité, lesquels pourroient être vendus à des prix inférieurs à ceux de l'estimation portée sur l'inventaire ; comme ces pertes diminuent le capital de la succession, et par conséquent la portion des héritiers, Guillaume Wessel doit débiter sa sœur, co-héritière, de son tiers de cette perte, et profits et pertes des deux autres tiers de cette perte qu'il doit supporter lui-même.

Ou bien il ouvrira un compte de liquidation, qu'il

débitera de toutes les pertes qui surviendront sur les différentes parties de l'actif de la succession, et qu'il créditera de tous les bénéfices que la succession produira. Lorsque la succession sera liquidée, il débitera ou il créditera sa sœur, co-héritière, de son tiers de la perte ou du bénéfice porté au compte de liquidation qu'il créditera ou débitera de ce tiers, et il le soldera pour sa part du bénéfice ou de la perte par profits et pertes.

352. En dernier résultat, pour liquider la succession d'un négociant, il faut donc faire son inventaire et la balance générale de ses livres, selon les principes déjà indiqués (295); avec la seule différence qu'il faut débiter le compte de capital de ce qui est dû à chacun des héritiers pour sa part de l'hérédité, et solder ensuite les comptes des héritiers par balance (350).

Il en est de même des liquidations de société.

De la Liquidation d'une Société.

353. Supposons la dissolution d'une société de compte à tiers, formée par Itier, Dubord et Dupré, dont les comptes particuliers sont soldés au moment de la dissolution.

Il faut qu'ils fassent la balance générale des comptes du grand livre, et l'inventaire des objets que la société possède.

Supposons que la balance générale et l'inventaire étant faits, les résultats soient les mêmes que ceux de la balance déjà faite, (331).

Le crédit du compte de capital, s'éleveroit à 182084 fr. 14 cent. (342). Le capital à partager entre les trois associés, s'éleveroit donc, à 182084 francs 14 centimes, et par conséquent le tiers qui appartiendroit à chacun d'eux, s'éleveroit à 60694 francs 71 centimes.

Il faudroit donc débiter le compte de capital, pour solde de 182084 fr. 14 c., et créditer comme suit chacun des associés du tiers de cette somme.

CAPITAL à DIVERS, 182084 fr. 14 c. pour solde du compte de capital, et de ce qui revient aux suivans, pour leur tiers du capital liquidé de leur société précédente :

A ITIER, 60694 fr. 71 c., pour son tiers du capital net de la société.....	60694 fr.	71 c.
A DUBORD, 60694 fr. 71 c. pour idem............................	60694	71
A DUPRÉ, 60694 fr. 71 c., pour idem............................	60694	71
	182084 fr.	14 c.

354. Il faudroit ensuite solder les comptes des associés et tous les autres comptes par balance, et les ouvrir sur les nouveaux livres par balance d'entrée, comme : (343).

355. En supposant que l'un des associés continue les affaires pour son compte particulier, et qu'il soit chargé de la liquidation effective (*a*), s'il survient des pertes ou des bénéfices pour compte de la société dissoute, il débitera ou il créditera chacun de ses associés du

---

(*a*) Liquider les comptes d'une succession ou d'une société, c'est les solder pour en connoitre le résultat; mais liquider effectivement la succession ou la société, c'est en réaliser tous les fonds et les distribuer aux héritiers ou aux associés, après avoir acquitté toutes les dettes du décédé ou de la société dissoute.

tiers de ces pertes ou de ces bénéfices et profits et pertes de son propre tiers.

On bien il ouvrira un compte de liquidation, etc. comme : (351).

356. Ainsi, pour faire la liquidation des comptes d'une société dont on veut opérer la dissolution, il faut faire l'inventaire des effets de la société, et la balance générale des comptes établis sur ses livres, comme celle déjà opérée (295); avec la seule différence qu'il faut distribuer le capital net aux divers associés, en débitant le compte de capital pour solde du montant du capital de la société, et en créditant chaque associé de la part qui lui en revient.

Telle est la manière de clore les comptes, dans tous les cas possibles, sur les anciens livres, et des les ouvrir ensuite sur les nouveaux.

JOURNAL

COMMENCÉ LE PREMIER VENDÉMIAIRE

AN DIX.

	357.		
1/11	MARCHANDISES GÉNÉ.les, A PIERRE, 3000 francs, pour 10 tonneaux vin rouge, achetés à Pierre, à 300 fr. le tonn.......	3000	»
	358. *Du 2 Vendémiaire.*		
1/9	MARC.ses GÉN.les, A DUPRÉ, 4000 francs, pour 20 tonneaux vin blanc, achetés audit payable en mon billet, à son ordre, à 6 mois..............................	4000	»
	359. *Du 3 Vendémiaire.*		
1/8	MARC.ses GÉNÉ.les, A DUPUI, 1500 fr., pour 2 barriques sucre brut, achetées audit, pesant net 125 myriagrammes, à 12 francs le myriag., payable en mon billet..................................	1500	»
	360. *Du 4 Vendémiaire.*		
8/1	DUPUI, A MARC.ses GÉNÉ.les, 4000 fr., pour 10 tonneaux vin rouge, vendus audit, à 400 francs le tonneaux, payable en son billet..................................	4000	»

Fol.° 2

361. —— *Du 5 Vendémiaire.* ——

9/1 DUPRÉ, A MARC.ses GÉNÉ.les, 1500 fr., pour 2 barriques sucre brut, pesant 125 myriag., vendu audit, à 20 francs le le myriag., payable en son billet........ 1500 »

362. —— *Du 6 Vendémiaire.* ——

4/5 CAISSE, A PROFITS ET PERTES, 20000 francs pour 20 tonneaux vin, dont mon père m'a fait présent, et que j'ai vendus comptant, à 1000 le tonn................ 20000 »

363. —— *Du 7 Vendémiaire.* ——

1/4 MARC.ses GÉNÉ.les, A CAISSE, 2400 fr., pour 12 tonneaux vin blanc, achetés comptant, à Dupré, à 200 fr. le tonn........ 2400 »

364. —— *Du 8 Vendémiaire.* ——

4/1 CAISSE, A MARC.ses GÉNÉ.les, 3000 fr., pour 12 tonneaux vin blanc, vendus au comptant, à Jean, à 250 fr. le tonn...... 3000 »

365. —— *Du 9 Vendémiaire.* ——

1/3 MARC.ses GÉNÉ.les, A LET.s ET BILLETS A PAYER, 9000 francs pour 205 quint. savon, ou, 1000 myriagrammes, poids net, achetés à Dupui, à 9 francs le myria. que je lui ai payés en mon billot à son ordre, à 3 mois............. 9000 »

366. —— *Du 10 Vendémiaire.* ——

2/1 LETTRES ET BILLETS A RECEVOIR, A MARC.ses GÉNÉ.les, 2000 fr., pour 42

Fol° 3

quintaux de savon, faisant 200 myriagammes poids net, vendus à Pierre, au prix de 10 francs le myriagramme, qu'il m'a payés en son billet, à mon ordre, à 3 mois de ce jour.. 2000 »

367. —— *Du 11 Vendémiaire.* ——

1/10 MARC.ses GÉNÉ.les A LECOUTEULX, de Paris, 2000 francs pour 10 tonneaux vin rouge, achetés à Dupré, à 200 francs le tonneau, en payement desquels je lui ai ouvert un crédit chez Lecouteulx........ 2000 »

368. —— *Du 12 Vendémiaire.* ——

1/1 MARC.ses GÉNÉ.les A MARC.ses GÉNÉ.les, 2400 francs pour 12 tonneaux vin blanc, achetés à Dupui, en payement desquels je lui ai donné 10 tonneaux vin rouge, à 240 francs le tonneau.................. 2400 »

369. —— *Du 13 Vendémiaire.* ——

1 MARC.ses GÉNÉ.les A DIVERS, 11600 fr. pour 29 tonneaux vin rouge, achetés à Martin, à 400 francs le tonn., et que je lui ai payés comptant, sous l'escompte de 3 pour cent.

4 A CAISSE, 11252 fr. pour autant à lui compté, ci............ 11252 »

5 A PROFITS ET PERTES, 348 fr. pour l'escompte que j'ai retenu........................ 348 »

11600 »

L

Fol.° 4

370. —— *Du 14 Vendémiaire.* ——

DIVERS A MARC.ses GÉNÉ.les, 13200 fr. pour 30 tonneaux vin rouge, vendus à Pierre, à 440 francs le tonneau, et qu'il m'a payés comptant, sous l'escompte de 3 pour cent.

4 A CAISSE, 12804 fr. pour autant reçu en écus dudit Pierre. . . . . 12804 »

5/1 PROFITS ET PERTES, 396 fr. pour l'escompte qu'il a retenu. 396 »

13200 »

371 —— *Du 15 Vendémiaire.* ——

1/2 MARC.ses GÉNÉ.les A DIVERS, 10000 fr. pour 10 tonneaux vin de Médoc, achetés à Dupui, et en payement desquels je lui ai fourni ce qui suit :

3 A LETTRES ET BILLETS A PAYER 2000 francs, pour mon billet, à 2 mois. . . . . 2000 »

2 A LETTRES ET BILLETS A RECEVOIR, 2000 francs pour le billet de Pierre, à 3 mois. . . . 2000 »

1 A MARC.ses GÉNÉ.les, 2000 fr., pour 42 quintaux de savon, faisant 200 myriagram., à lui fournis au prix de 10 francs le myriagramme. . . . . 2000 »

4 A CAISSE, 3880 fr. à lui comptés en écus, sous l'escompte de 3 pour cent. . . . . 3880 »

5 A PROFITS ET PERTES, 120 fr. pour l'escompte retenu. . . . . . . 120 »

10000 »

Fol.° 5

372. —— *Du 16 Vendémiaire.* ——

Fol.	Article	Détail	Total
	DIVERS A MARC.ses GÉNÉ.les, 12000 fr. pour 10 tonneaux vin, vendus à Jean, au prix de 1200 francs le tonn., pour le payement desquels il m'a fourni ce qui suit :		
2	LETTRES ET BILLETS A RECEVOIR, 4000 francs pour son billet, à 2 mois, à mon ordre..	4000 »	
3	LETTRES ET BILL.s A PAYER, 2000 francs pour mon billet, ordre de Dupui, qu'il m'a remis......................	2000 »	
1	MARC.ses GÉNÉ.les, 2000 fr. pour 200 mètres de drap commun, qu'il m'a fourni à 10 francs le mètre.....................	2000 »	
4	CAISSE, 3880 fr. pour autant, qu'il m'a compté en espèces, sous l'escompte de 3 pour cent.	3880 »	
5/1	PROFITS ET PERTES, 120 fr. pour l'escompte retenu par ledit Jean......................	120 »	
			12000 »

373. —— *Du 17 Vendémiaire.* ——

Fol.	Article	Total
2/4	LETTRES ET BILLETS A RECEVOIR A CAISSE, 10000 fr. montant du billet de Jacques, que j'ai pris au pair.........	10000 »

374. —— *Du 19 Vendémiaire.* ——

Fol.	Article	Total
4/2	CAISSE A LETTRES ET BILLETS A RECEVOIR, 10000 fr. pour la négociation au pair du billet de Jacques...........	10000

Fol.° 6

375. —— *Du 20 Vendémiaire.* ——

DIVERS A LETTRES ET BILLETS A PAYER, 10000 francs pour négociation de mon billet, à 3 mois, ordre d'André, qui m'en a compté le montant sous l'escompte de 3 pour cent.

4 CAISSE, 9700 fr. reçus dudit André, en espèces.......... .... 9700 »

5/3 PROFITS ET PERTES, 300 francs pour perte sur ladite négociation........................ 300 » — 10000 »

376. —— *Du 21 Vendémiaire.* ——

3 LETTRES ET BILLETS A PAYER A DIVERS, 9000 francs pour mon propre billet, ordre de Dupui, que j'ai pris ce jour à l'escompte de 3 pour cent.

4 A CAISSE, 8730 fr. comptés en écus......................... 8730 »

5 A PROFITS ET PERTES, 270 fr. pour bénéfice résultant de cette opération.................... 270 » — 9000 »

377. —— *Du 22 Vendémiaire.* ——

2 LETTRES ET BILLETS A RECEVOIR A DIVERS 10000 francs, montant du billet de Bonnafous, à 2 mois, pris ce jour sous l'escompte de 2 pour cent.

4 A CAISSE, 9800 fr. pour autant compté en espèces........... 9800 »

5 A PROFITS ET PERTES, 200 fr. pour l'escompte que j'ai retenu. — 10000 »

Fol.° 7

378. —— *Du 23 Vendémiaire.* ——

5/1 PROFITS ET PERTES A MARC.ses G.les, 1200 fr. pour 22 quintaux savon, faisant 100 miriagrammes poids net, vendus et livrés à Guillaume, dont le feu a consumé toute la fortune, et qui a péri dans l'incendie. . . . . 1200 »

379. —— *Du 24 Vendémiaire.* ——

7/1 JAUGE A MARC.ses GÉNÉ.les, 2400 francs pour 42 quint.x de savon, faisant 200 miriag. poids net, vendus à Dupré, à 12 francs le miriagramme, en payement desquels il m'a ouvert un crédit sur ledit Jauge. . . . 2400 »

380 —— *Du 25 Vendémiaire.* ——

1 MARC.ses GÉNÉ.les A DIVERS 4060 fr. pour le prix et les frais de 198 mètres de drap, en 10 pièces, que Jacob de Montauban m'a expédiées à raison de 20 francs le mètre, et en payement desquelles j'ai accepté la lettre ci-après.

3 A LETTRES et BILLETS A PAYER, 3960 fr. pour mon acceptation à la traite de Jacob, en payement desdites marchandises . . . . 3960 »

A CAISSE, 100 fr. pour frais déboursés à leur arrivée. . . . . 100 »

4060 »

381 —— *Du 27 Vendémiaire.* ——

DIVERS A MARC.ses GÉNÉ.les, 4356 fr. pour expédition faite de 198 mètres de drap de diverses couleurs, à l'adresse et

Fol.° 8

pour compte et risque de Robert, de Paris, au prix de 22 francs le mètre, en payement desquels j'ai tiré une lettre de change sur ledit Robert, à l'ordre de Raffin, qui m'en a compté le montant sous la déduction de 1 ½ pour %.

4 CAISSE, 4290 fr. 66 c. pour autant que Raffin m'a compté pour la lettre de change ci-dessus..... 4290 66

5/1 PROFITS ET PERTES, 65 fr. 34 centimes pour perte faite sur ladite négociation......... 65 34

4356 »

382. — *Du 28 Vendémiaire.* —

1/6 MARC.ses GÉNÉ.les A JAMES, de l'Isle-de-France, 4000 francs pour une balle de mousseline que ledit a expédiée à mon adresse, et pour mon compte et risques, montant, suivant facture................. 4000 »

383. — *Du 29 Vendémiaire.* —

1 MARC.ses GÉNÉ.les A DIVERS, 7800 fr. pour 76 tonneaux de vin que James, mon courtier, a achetés aux suivans, pour mon compte.

9 A BRAI, 12000 fr. p. 12 t.x, m. à, 12000 fr.
7 A JEAN, 12000 fr. p. 10 *idem*,... 12000 fr.
9 A DUPRÉ, 12000 fr. p. 12 *idem*, .. 12000 fr.
1 A PIERRE, 8000 fr. p. 8 *idem*, .. 8000 fr.
8 A DUPUI, 34000 fr. p. 34 *idem*,.. 34000 fr.

78000 »

Fol.° 9

384. —— *Du 30 Vendémiaire.* ——

DIVERS A MARC.ses GÉNÉ.les, 91800 fr. pour les marchandises ci-après vendues aux suivans :

12 BEAUFOUR, 12000 fr. pour 10 t.x vin de Médoc, montant........ 12000 fr.

8 PAUL, 1000 fr. pour 1 *idem*..... 1000

9 DUPRÉ 1200 fr. pour 22 quintaux savon, ou 100 miriagrammes poids net, à 12 fr. le miriagramme.... 1200

7 JEAN 22400 fr. pour 22 quintaux ou 200 miriag. net, à 12 fr. 2400. } 20 t.x vin, à 1000 fr.. 20000 } 22400

8 DUPUI, 1200 fr., 20 q.x savon.... 1200

14 DUPARC, 34000 fr. pour 30 t.x vin.. 34000

15/1 DUPIN, 20000 fr. pour 20 *idem*... 20000

91800 »

385. —— *Du 1.er Brumaire.* ——

11/4 PIERRE A CAISSE, 1000 fr. pour autant que je lui ai prêté........................ 1000 »

386. —— *Du 3 Brumaire.* ——

4/7 CAISSE A JEAN, 1000 fr. pour autant que ledit m'a prêté........................ 1000 »

387. —— *Du 2 Brumaire.* ——

7/3 JEAN A LETT. ET B.ets A PAYER, 1000 fr. pour mon Billet, à son ordre, à lui fait pour lui rendre service, et dont il me tiendra compte........................ 1000 »

Fol.° 10

388. —— *Du 4 Brumaire.* ——

$\frac{2}{8}$ LETT. ET B ets A R.oir A DUPUI, 1000 fr. pour son billet, à mon ordre, qu'il a fait pour me rendre service. . . . . 1000 »

389. —— *Du 5 Brumaire.* ——

$\frac{9}{2}$ DUPRÉ A LETT. et B.ets A R.oir 1000 fr. pour le montant du billet que Dupui m'avoit fourni à mon ordre, et que j'ai cédé audit Dupré. . . . . 1000 »

390. —— *Du 6 Brumaire.* ——

DIVERS A PIERRE, 6000 francs pour autant que ledit Pierre m'a prêté en argent, payable dans 3 mois, et à l'intérêt de 6 pour % par an.

4 CAISSE, 5910 fr. pour autant reçu. 5910

$\frac{5}{11}$ PROFITS et PERTES, 90 fr. pour l'intérêt retenu par Pierre, pour 3 mois. 90

6000 »

391. —— *Du 7 Brumaire.* ——

8 DUPUI A DIVERS, 6000 fr. pour autant à lui prêté pour 6 mois, en argent, à l'intérêt de 6 pour % par an.

4 A CAISSE, compté audit Dupui. . 5820

5 A PROFITS ET PERTES, 180 fr. pour l'intérêt de 6 mois, que j'ai retenu 180

6000 »

Fol.	Fol.o 11		
	392. —— *Du 8 Brumaire.* ——		
	DIVERS A PIERRE, 10000 francs pour autant que ledit Pierre m'a prêté comme suit :		
2	LETT. ET BILL. A REC.oir, 3000 fr. pour le montant de celui que m'a fourni Pierre, à mon ordre, à 2 mois......	3000 »	
1	MARC.ses GÉNÉ.les, 2000 francs pour le montant de 2 tonneaux vin rouge..................	2000 »	
4	CAISSE, 4850 fr. reçu en argent, déduction faite de l'escompte, à 3 pour cent, retenu par Pierre.	4850 »	
5/11	PROFITS ET PERTES, 150 fr. pour l'escompte............	150 »	
			10000 »
	393. —— *Du 9 Brumaire.* ——		
7	JEAN A DIVERS, 10000 fr. pour autant que je lui ai prêté, comme suit :		
3	A BILL. A PAYER, 3000 francs pour celui que j'ai fait audit Jean, à 2 mois.............	3000 »	
2	A BILL. A REC.oir, 3000 fr. pour le montant de celui de Pierre, à mon ordre, à 2 mois, que j'ai cédé audit Jean.............	3000 »	
1	A MARC.ses GÉNÉ.les, 3000 fr. pour 3 tonneaux vin.....	3000 »	
4	A CAISSE, 970 fr. pour autant prêté en argent, sous l'escompte de 3 pour cent..............	970 »	
5	A PROFITS ET PERTES, 30 fr. pour l'escompte que j'ai retenu.	30	
			10000 »

Fol.° 12

	394. —— *Du 9 Brumaire.* ——		
9/3	DUPRÉ A LETT. ET BILL. A PAYER, 4000 fr. pour mon billet à son ordre, à 6 mois, à lui fourni en payement des 20 tonn. vin blanc qu'il m'a vendu le 2 Vendémiaire dernier, montant à..........	4000	»
	395. —— *Du 11 Brumaire.* ——		
11/4	PIERRE A CAISSE, 3000 fr. pour autant que j'ai compté audit en payement des marchandises qu'il m'a vendues le premier Vendémiaire dernier..................	3000	»
	396. —— *Du 12 Brumaire.* ——		
4/8	CAISSE A DUPUI, 4000 fr. pour autant qu'il m'a compté en argent, en payement des marchandises que je lui ai vendues le 4 Vendémiaire dernier................	4000	»
	397. —— *Du 13 Brumaire.* ——		
2/9	LETT. ET BILL. A REC.oir A DUPRÉ, 1500 fr. pour le billet à un mois fixe, dudit Dupré, qu'il m'a fourni en payement des sucres à lui vendus le 6 Vendémiaire dernier..............................	1500	»
	398. —— *Du 14 Brumaire.* ——		
8/2	DUPUI A LETT. ET BILL. A REC.oir, 1500 fr. pour le billet de Dupré, que j'ai fourni audit Dupui en payement des vins qu'il m'a vendus le premier Vendémiaire.	1500	»
	399. —— *Du 15 Brumaire.* ——		
3/8	LETT. ET BILL. A PAYER A DUPUI, 4000 fr. pour mon billet, à 6 mois, ordre		

Fol.° 13

de Dupré, dont ledit Dupui étoit porteur, et qu'il m'a fourni en payement des vins à lui vendus le 5 du courant........... 4000 »

400. —— *Du 16 Brumaire.* ——

1/11 MARC.ses GÉNÉ.les A PIERRE, 1000 fr. pour un tonn. de vin que ce dernier m'a fourni en payement de pareille somme à lui prêtée le premier courant............ 1000 »

401. —— *Du 17 Brumaire.* ——

7/1 JEAN A MARC ses GÉNÉ.les, 1000 fr. pour un tonn. vin de Médoc, à lui fourni en payement de pareille somme qu'il m'a prêtée le 2 courant........................ 1000 »

402. —— *Du 18 Brumaire.* ——

DIVERS A JEAN, 10000 fr. que ledit m'a compté en espèces, sous l'escom. de 3 pour cent, en payement de ce que je lui ai prêté le 3 du courant, en mon billet, à 3 mois.

4 CAISSE, 970 francs pour autant reçu en espèces .... 970 »

5/7 PROFITS ET PERTES, 30 fr. pour l'escompte que ledit Jean a retenu .... 30 »

1000 »

403. —— *Du 19 Brumaire.* ——

8 DUPUI A DIVERS, 3000 franc pour autant compté audit, en espèces, sous la déduction de 3 pour cent, en payement de pareille somme qu'il m'a prêtée le 4 courant, en son billet à 3 mois.

Fol.° 14

4 A CAISSE, 2910 francs pour autant à lui compté .... 2910 »

5 A PROFITS ET PERTES, 90 fr. pour l'escompte retenu .... 90 » | 3000 »

404. —— *Du 20 Brumaire.* ——

1/3 MARC.ses GÉN.les A LETT. ET BILL. A PAYER, 400 fr pour mon billet fourni à Dubord, pour l'assurance qu'il a souscrite sur 4000 fr. de marchandises venant, pour mon compte, de l'Isle-de-France.... | 400 »

405. —— *Du 21 Brumaire.* ——

1/4 MARC.ses GÉNÉ.les A CAISSE, 780 fr. pour la commission, à raison de un pour cent, payée à Sauvage, courtier, sur les marchandises qu'il a achetées pour mon compte le 29 du mois dernier............ | 780 »

406. —— *Du 23 Brumaire.* ——

DIVERS A MARC.ses GÉNÉ.les, 4000 fr. pour autant que Dubord m'a payé pour l'assurance qu'il a souscrite sur les marchandises attendues par le Jason, qui a péri et dont l'acte d'abandon lui a été signifié ce jour.

3 LETT. ET BIL. A PAYER, 400 fr. pour mon billet, à son ord., qu'il m'a remis 400 »

4/1 CAISSE, 3600 fr. qu'il m'a compté en espèces .... 3600 » | 4000 »

407 —— *Du 24 Brumaire.* ——

2/9 LETT. ET BILL. A REC.oir A BRAI, 7440 fr. pour une lettre de change de 310 livres

Fol. 15

sterlings, à 2 mois de vue, sur Raimond, de Londres, prise audit Brai, au change de 30 deniers........................ 7440 »

408. —— *Du* 25 *Brumaire.* ——

DIVERS ET BILL. A REC.oir, 7440 fr. pour la traite sur Raimond, de Londres, que j'avois prise au change de 30 deniers, et que j'ai remise à Thompson, de Londres, d'ordre et pour compte de Robert, de Paris, au change de 31 deniers.

9 ROBERT de Paris, 7200 fr. pour le montant de la lettre de change de 310 livres sterlings, au change de 31 d. 7200 »

5/2 PROFITS ET PERTES, 2400 fr. pour perte faite sur ladite lettre ci-dessus, par la différence du change.................... 240 »

7440 »

2/9 409. —— *Du* 26 *Brumaire.* ——

LETT. ET BILL. A REC.oir A BRAI, 12000 fr., montant de 5200 florins, sur James, d'Amsterdam, que ledit m'a fourni au change de 52 deniers.............. 12000 »

410. —— *Du* 27 *Brumaire.* ——

9 ROBERT A DIVERS, 12480 francs pour la traite de 5200 florins, sur James, d'Amsterdam, que j'avois prise au change de 52 deniers, et que j'ai remise d'ordre et pour compte dudit Robert à Powel, d'Amsterdam, au change de 50 deniers.

2 A LETT. ET BILL. A REC.oir, 12000 fr.,

Fol.° 16

montant de ce que cette lettre a coûté au change de 52 deniers........ 12000 »

5 A PROFITS ET PERTES, 480 francs pour le bénéfice résultant pour moi de la différence du change..................... 480 » — 12480 »

411. —— *Du 28 Brumaire.* ——

DIVERS A JEAN, 10000 francs pour ce qui suit, que ledit m'a fourni ce jour en payement de ce que je lui ai prêté le 9 du courant.

2 LETT. ET BILL. A REC.oir, 3000 francs pour son billet à un mois, et à mon ordre...................... 3000 »

3 LETT. ET BILL. A PAYER, 3000 francs pour mon billet, à deux mois, et à son ordre, qu'il m'a remis....................... 3000 »

1 MARC.ses GÉNÉ.les, 2000 fr. pour 2 tonneaux vin, à 1000 francs le tonneau................. 2000 »

4/7 CAISSE, 2000 francs pour autant qu'il m'a compté............ 2000 » — 10000 »

412. —— *Du 29 Brumaire.* ——

11 PIERRE A DIVERS, 10000 francs pour les effets ci-après fourni audit Pierre, en payement de pareille somme qu'il m'a prêtée le 8 courant.

2 A LETT. ET BILL. A REC.oir, 3000 francs

		Fol. 17	
	pour le billet de Jean, à mon ord.	3000 »	
3	A LETT. ET BILL. A PAYER, 3000 francs pour mon billet, ordre dudit Pierre, à 15 jours.	3000 »	
1	A MARC.ses GÉNÉ.les, 2500 fr. pour 2 tonneaux vin.........	2500 »	
4	A CAISSE, 1500 francs pour autant à lui compté.........	1500 »	10000 »

413. —— *Du 30 Brumaire.* ——

3/4	LETT. ET BILL. A PAYER A CAISSE, 4960 fr. pour l'acquit des effets ci-après que l'on m'a remis : 3960 fr. Pour la traite de Jacob, sur moi, ordre de Monteau, à un mois de vue. 1000 Pour mon billet, ordre de Dupui, à 2 mois, 4960 Francs, ci.........................	4960 »

414. —— *Du 2 Frimaire an 10.* ——

4/2	CAISSE A LETT. ET BILL. A RECEVOIR, 10000 fr. pour autant qui m'a été compté en payement du billet de Bonnafous, à mon ordre, ci..........................	10000 »

415. —— *Du 3 Frimaire.* ——

8/7	DUPUI A JAUGE, de Lyon, 3400 francs pour le montant des lettres de change qui doivent être tirées par mon ordre sur ledit Jauge, par Dupui, en payement des vins	

	Fol.o 18		
	qu'il m'a vendus le 29 Vendémiaire dernier................................	3400	»
	416. —— *Du* 4 *Frimaire.* ——		
$\frac{7}{14}$	JAUGE, de Lyon, A DUPARC, 3400 fr. pour pareille somme que ledit Duparc me devoit, et en payement de laquelle il m'a donné ordre de tirer des lettres de change sur Jauge, à qui j'ai écrit de passer cette même somme à mon crédit, et de la garder en payement de ce que je lui devois....	3400	»
	417. —— *Du* 5 *Frimaire.* ——		
$\frac{8}{4}$	DUPUI A CAISSE, 1000 fr. pour autant que j'ai compté en payement du mandat à vue que ledit Dupui a tiré sur moi ce jour..................................	1000	»
	418. —— *Du* 6 *Frimaire.* ——		
$\frac{9}{10}$	BRAI A LECOUTEULX, de Paris, 10000 fr. pour le montant de la lettre de change que j'ai tirée sur ledit Lecouteulx, ordre de Brai........................	10000	»
	419. —— *Du* 7 *Frimaire.* ——		
$\frac{9}{7}$	DUPRÉ A BEAUFOUR, 1000 francs pour le montant de la lettre de change que j'ai tirée sur Peregaux, de Paris, à l'ordre de Dupré, laquelle lettre j'ai tirée d'ordre et pour compte de Beaufour, à valoir sur ce qu'il me devoit........................	1000	»
	420. —— *Du* 8 *Frimaire.* ——		
	DIVERS A DUPUI, 20000 francs pour un		

mandat

Fol.° 19

mandat de pareille somme que ledit m'a fourni sur Pierre, qui m'a payé comme suit :

1 PIERRE, 8000 fr. pour autant qu'il a retenu sur la valeur dudit mandat, en payement de ce que je lui devois..... 8000 »

4/8 CAISSE, 12000 fr. pour autant, reçu de Pierre, pour solde dudit montant.................. 12000 »

20000 »

421. — *Du* 9 *Frimaire.* —

9 ROBERT A DIVERS, 20000 fr. pour autant que Robert, de Paris, m'a donné ordre de compter à Jean, ce que j'ai fait comme suit :

7 A JEAN, 12000 fr. pour autant que j'ai retenu en payement de ce qu'il me devoit, sur la somme que j'avois à lui compter.................. 12000 »

4 A CAISSE, 8000 fr. pour autant compté à Jean, pour solde des 20000 fr. que j'avois à lui payer, par ordre de Robert......... 8000 »

20000 »

422. — *Du* 10 *Frimaire.* —

2/3 LETT. ET BILL. A REC.oir A LETT. ET BILL. A PAYER, 6000 francs pour mon billet, fait à Dupui, en payement duquel il m'a fait son billet à la même époque.. 6000 »

423. — *Du* 11 *Frimaire.* —

2/9 LETT. ET BILL. A REC.oir A ROBERT,

Fol.° 20

de Paris, 12000 francs pour une remise de 500 liv. sterlings que ce dernier m'a fait au change de 30 deniers, tirée sur Williams, de Londres, à un mois de vue, faisant audit change de 30 deniers.................... 12000 »

424. —— *Du 12 Frimaire.* ——

9 BRAI, A DIVERS, 7445 francs pour 310 liv. sterlings, montant de la traite qu'il m'avoit fourni au change de 30 deniers, sur Raymond, de Londres, au change de 30 d., fais. 7440 fr., et pour 5 fr. de frais de protêt, laquelle j'avois cédée au change de 31 d., à Robert, de Paris, qui me l'a renvoyée protestée faute de payement, et a tiré sur moi la lettre suivante, que j'ai acceptée pour son remboursement.

3 A LETT. ET BILL. A PAYER, 7205 francs montant de la traite de Robert, que j'ai acceptée...................... 7205 »

5 A PROFITS ET PERTES, 240 fr. pour la rentrée de la perte que j'avois faite lors de la négociation de cette traite........... 240 »

7445 »

425. —— *Du 13 Frimaire.* ——

4 CAISSE A DIVERS, 12005 francs pour autant que Magnan m'a compté en payement de la lettre de change de 12125 fr., que j'ai tirée à son ordre, sur Robert, de Paris, pour ce qui suit :

Pour mon remboursemont de la lettre de 500 livres sterlings, sur Raimond, de Londres,

Fol.° 21

que ledit Robert m'avoit fournie au change de 30 deniers, et que je lui renvoie, faisant à ce change............ 12000 »

Pour les frais de protêt.......... 5 »

12005 »

Pour l'escompte, à un pour cent, gagné et retenu par Magnan, sur les 12000 francs qu'il m'a comptés................. 120 »

TOTAL de la lettre tirée sur Robert, à l'ordre de Magnan..... 12125 »

2 A BILLETS A RECEVOIR, 12000 fr. montant de la lettre de 500 livres sterlings, sur Williams, de Londres, qui a été protestée faute de payement, et que j'ai renvoyée audit Robert.......... 12000 »

4 A CAISSE, 5 fr. pour les frais de protêt que j'ai déboursés.. 5 » 12005 »

426. —— *Du 14 Frimaire.* ——

DIVERS A DIVERS, 7000 fr. pour ce qui m'a été donné en payement, comme suit :

2 BILL. A REC.oir, 1000 fr., pour le montant de celui que Paul m'a donné, à mon ordre, à 2 mois.................. 1000 »

3 BILL. A PAYER, 3000 fr. pour le montant de mon billet, à 15 jours, ordre de Pierre, que Dupré m'a remis acquitté..... 3000 »

1 MARC.ses GÉNÉ.les, 1400 fr. pour le montant d'un tonneau vin, à

Porté en l'autre part. 4000 »

Fol.	Article	Détail		Total	
	Fol.º 22				
	Transport de l'autre part......	4000		4000	»
	1400 fr. le t., que Jean m'a donné	1400	»		
4	CAISSE, 1552 fr. pour autant que m'a compté Dupui, sous la déduction de l'escompte à 3 p. %.	1552	»		
5	PROFITS ET PERTES, 48 francs pour l'escompte que Dupui a retenu	48	»		
		7000	»		
8	A PAUL, pour son billet, à mon ordre	1000	»		
9	A DUPRÉ, pour mon billet, ordre de Dupui	3000	»		
7	A JEAN, pour les marchandises qu'il m'a données...........	1400	»		
8	A DUPUI, pour ce qu'il m'a compté sous l'escompte	1600	»	7000	»

427. —— *Du 15 Frimaire.* ——

Fol.	Article	Détail		Total	
	DIVERS A DIVERS, 10100 francs pour le montant du billet que j'ai fourni à Bonnafous, qui m'a donné le sien de la même valeur en retour, ensemble, pour le bénéfice qu'il me donne, en raison de ce que je lui prête ma signature.				
2	BILLETS A RECEVOIR, 10000 francs pour celui à mon ordre, à 6 mois, que m'a fourni Bonnafous	10000	»		
4	CAISSE, 100 fr. que m'a compté Bonnafous	100	»		
		10100	»		

Fol°. 23

3 A BILL. A PAYER, 10000 francs pour le montant de celui que j'ai fourni à Bonnafous, à son ordre, à 6 mois, ci. 10000 »

5 A PROFITS ET PERTES, 100 fr. pour autant, qui m'a été compté ci-dessus par Bonnafous, pour lui avoir prêté ma signature.. 100 » | 10100 »

428. — *Du 16 Frimaire.* —

4/5 CAISSE A PROFITS ET PERTES, 1200 fr. pour autant que m'a compté Dupré, pour ma commission à 2 pour cent, sur une vente de 60000 fr. de marchandises que j'ai faite ce jour, pour son compte............. | 1200

429. — *Du 17 Frimaire.* —

2/5 BILL. à REC.oir A PROFITS ET PERTES, 4000 francs pour le montant du billet de Jaure, à mon ordre, à 6 mois, en payement de la prime à 10 pour cent, sur la somme de 40000 fr. que j'ai assurée sur son navire le Cézar..................... | 4000 »

430. — *Du 18 Frimaire.* —

5/4 PROFITS ET PERTES A CAISSE, 40000 fr. pour autant que j'ai compté à Jaure, à qui j'avois assuré cette somme sur le navire le Cézar, qui a péri........... | 40000 »

431. — *Du 19 Frimaire.* —

4/5 CAISSE A PROFITS ET PERTES, 20000 fr. pour autant que j'ai reçu ce jour de l'administration de la loterie, en payement d'un billet gagnant.................. | 20000 »

Fol.° 24

432. —— *Du 20 Frimaire.* ——

5/4 PROFITS ET PERTES A CAISSE, 20000 fr. pour autant que l'on m'a volé en argent. | 20000 | »

433. —— *Dudit.* ——

5/4 PROFITS ET PERTES A CAISSE, 3000 fr. pour autant que j'ai dépensé les 3 mois précédens.......................... | 3000 | »

434. —— *Du 21 Frimaire.* ——

4/5 CAISSE A PROFITS ET PERTES, 1000 fr. pour autant que m'a compté mon apprentif, pour sa pension............... | 1000 | »

435. —— *Du 22 Frimaire.* ——

10 NAVIRE LA JOSEPHINE A DIVERS, 90000 fr. pour achat dudit navire, agrés et apparaux.

10 A LECOUTEULX, 30000 francs pour ma traite fournie audit Dubord, en payement du navire ci-dessus..... 30000 »

10 A JAMES, 30000 francs pour ma traite, fournie aud. Dubord, sur James, en payement, idem... 30000 »

4 A CAISSE, 30000 francs pour autant compté aud., en espèces. 30000 » | 90000 | »

436. —— *Du 23 Frimaire.* ——

11 CARGAISON DU NAVIRE LA JOSEPHINE A DIVERS, 66300 francs pour les marchandises ci-après achetées aux suivans, et chargées à bord dudit navire, pour en composer la cargaison.

Fol.° 25

9 A BRAI, 100000 francs pour 200 tonneaux vin rouge qu'il m'a vendus, à 500 francs le tonn., payable dans 9 mois. 100000 »

11 A MARIE BRIZARD, 7500 fr. pour 500 panniers anisette, à 15 francs le pannier .... 7500 »

11 A MAIDIEU, 48800 fr.
pour 1000 caisses prunes, pesant ensemble 450 q.x brut, ou tare déduite, 2000 miriagrammes, à 10 fr. le miriagramme........ 20000
1000 caisses savon, pesant 500 quintaux brut ou net 2400 miriagrammes, à 12 fr. le miriagramme.. 28800
48800 »
156300 »

437. —— *Du* 24 *Frimaire.* ——

2/12 LETT. ET B.cts A R.oir A ASSURANCES, 4000 fr. pour le billet de Bonafé, qu'il m'a fourni en payement de la prime de 10 pour °/o, sur la somme de 40000 fr. que j'ai assurée sur son navire l'Invinsible, allant au Cap.. 4000 »

438. —— *Du* 25 *Frimaire.* ——

2/12 LETT. ET B.ets A R.oir A ASSURANCES, 3000 fr. pour le montant des billets de prime qui m'ont été donnés comme suit.
1000 fr., Billet de Dupré à mon ordre, à sept mois, pour la prime à 10 pour cent, sur la somme de 10000 fr. que je lui

Fol.º 26

ai assurée sur le navire l'Aglaé, allant au Cap.

1000 fr. Billet de Brai, à 7 mois, pour la prime à 10 pour cent, sur la somme de 10000 fr. que je lui ai assurée sur le Pollux, allant au Cap.

1000 fr. Billet de Dupui, à mon ordre, à 7 mois, pour la prime à 10 pour cent, sur la somme de 10000 fr. que je lui ai assurée sur la Diane, allant au Cap.

3000 .... 3000 »

439. *Du* 26 *Frimaire.*

10 LECOUTEULX A DIVERS, 61200 fr. pour le montant de 60 tonneaux vin, à 1000 fr. le tonneau, que je lui ai achetés pour compte dudit Lecouteulx, à qui je les ai expédiés, ensemble pour ma commission à 2 pour cent, comme suit.

9 A DUPRÉ, 60000 fr. pour le montant des 60 ton.x vin, payable dans 4 mois. 60000

12 A COMMISSION, 1200 fr. pour le montant de celle que j'ai gagnée sur cet achat 1200

61200 »

440. *Du* 27 *Frimaire.*

DIVERS A CAISSE, 8400 fr. pour ce que j'ai dépensé, comme suit :

12 FRAIS GÉNÉRAUX, 5400 fr. pour autant que j'ai dépensé pour mon commerce, les 3 mois précédens.... 5400

Fol.° 27

	Transport de ci-contre....	5400		
$\frac{13}{4}$	DÉPENSES GÉNÉRALES, 3000 fr. pour la dépense de ma maison, pendant les 3 derniers mois.....	3000	8400	»
	441. —— *Du 28 Frimaire.* ——			
$\frac{13}{4}$	ARMEMENT DU NAVIRE LA JOSEPH.e A CAISSE, 42000 fr. pour autant que j'ai compté au capitaine, pour les frais d'armement, gages d'équipage, etc., qu'il avoit avancés de ses fonds; et à Catherine, marchande de volaille, pour les fournitures qu'elle a faites: le tout, suivant leurs comptes................................		42000	»
	442. —— *Du 29 Frimaire.* ——			
$\frac{6}{6}$	REMISES A LECOUTEULX, compte à demi, 30872, 98, pour le montant de la remise qu'il m'a fait des effets ci-après, pour être négociés par moi, de compte à demi. Traite de Pierre, sur James, d'Amst., de 5200 fl., prise par ledit Lecouteulx, au change 52 deniers de gros, faisant 12000 fr. (*a*). *Que j'ai négociée* (449) *au change de* 51 *d. faisant* (*b*)...........................		12237	27

(*a*) Le présent article, passé au journal lors de la réception des lettres (220), ne doit être rapporté que dans la colonne en-dedans du compte à demi de Lecouteulx au crédit; et le montant des lettres doit être laissé en blanc au débit du compte des remises, parce que ce compte doit être débité du prix qu'on retirera de ces lettres, et qu'on ne peut le connoitre qu'à l'époque de leur négociation, (163).

(*b*) Le prix de la négociation de chaque lettre, est en caractères italiques, pour faire remarquer qu'il a été écrit lorsqu'elle a été négo-

		fr.	c.
	Fol.º 28		
	Transporté d'autre part	12237	27
	Traite de 6000 fr. à 3 mois, de Viré sur Paul de Marseille, prise par ledit à 3 pour %, perte pour la lettre 5820		
	Que j'ai négociée à 2 pour cent, perte pour la lettre	5880	»
	Traite de 500 liv. st. de Hovi, sur Williams, de Londres, prise par ledit, au change de 30 deniers 12000		
	Que j'ai négociée au change de 28 d. faisant.	12755	71
443.	*Du 30 Frimaire.*	30872	98
7/4	JAMES C.te A DEMI A CAISSE, 21300 fr. pour autant que j'ai compté en payement des traites ci-après, que j'ai envoyées audit James, pour être négociées de compte à demi avec moi, comme suit :		
	Traite de Martel, sur Barkey, d'Amsterdam, de 5200 florins, que j'ai prise au change de 52 deniers de gros (205)	12000	»
	Dont James a reçu le m.t en fl.s, (206). 5200		
	Traite de Madré, sur Powel, de Hambourg, de 2500 marcs lubs, que j'ai prise au change de 25 s. lubs, faisant	4800	»
	Négociée par James, au change de 33 s., pour 1 daelder, faisant en fl.s, (206) 2062, 10		
	Transporté ci-contre	16800	»

tiée, et non pas à l'époque de sa réception (221), ou à celle où on l'a envoyée (219) ; c'est ce prix qu'il faut rapporter au débit des remises, lorsque la négociation est opérée (163).

Fol.° 29

	Transport de ci-contre.............	16800	»
	Traite de Pelusset, sur Théodore, de Madrid, de 1000 piastres que j'ai prise au change de 4 fr. 50 cent, faisant...............	3750	»
	Négociée par James, au change de 95 d.s de gros, pour 1 ducat, faisant en florins, (206)...................... 1722, 13 5		
		20550	
444.	*Du 1.er Nivôse.*		
$\frac{6}{7}$	REMISES A JAMES, C.te à demi, 14423 flor.s 4 sous pour le montant des effets qu'il m'a envoyés pour être négociés de compte à demi, comme suit.		
	6000 Francs traite de de Barkey, à 1 mois, sur Hovy, de Bordeaux, prise par James, au change de 50 deniers, faisant en fl.s, (208), (*a*).................. 2500 flor.		
	Que j'ai négociée (445) *à* $\frac{3}{4}$ *pour cent, perte pour la lettre, faisant en Francs,* (*b*)................................	5955	»
	500 Livres sterlings, traite de Poppe, sur Williams, de Londres, prise par ledit James, au change de 35 sous de gros, pour 1 l. st., faisant en florins.................. 5250		
	Que j'ai négociée (445) *au change de 30 deniers, faisant en francs,* (*b*)......	12000	»
	1000 Pistoles, traite d'Oré, sur Lerouge, de Cadix, prise par James, au change de 92 den.,		

(*a*) La somme doit être laissée en blanc au débit des remises. Voyez la première note de l'article (442).

(*b*) Voyez la deuxième note de l'article (442).

Fol.° 30

de gros, pour 1 ducat d'Espagne, faisant, en florins.................... 6673 4

Que j'ai négociée au change de 14 fr. 50 c. faisant en francs.................... | 14500 | »

445. —— *Du 2 Nivôse.* ——

$\frac{4}{6}$ CAISSE A REMISES, 32455 fr. pour autant qui m'a été compté pour les effets ci-après, que j'ai négociés ce jour, de compte à demi avec James.

Traite de Barkey, sur Hovy, de Bordeaux, de 6000 francs, à 1 mois, et que j'ai négociée à $\frac{1}{4}$ pour $\frac{0}{0}$, perte pour la lettre, (*a*).......................... 5955

Traite de Poppe, sur Williams, de Londres, de 500 livres sterlings, que j'ai négociée au change de 30 deniers, ci........ 12000

Traite d'Ovi, sur Lerouge, de Cadix, de 1000 pistoles que j'ai négociée au change de 14 francs 50 centimes, pour une pistole.......................... 14500 | 32455 | »

446. —— *Du 3 Nivôse.* ——

$\frac{4}{7}$ CAISSE A JAMES, C.te à demi, 19892 fr. 30 c, pour autant qu'on m'a compté en payement des effets ci-après, composant la remise

(*a*) Il ne faut pas oublier d'aller écrire les prix auxquels on a négocié ces lettres, sur l'espace laissé en blanc dans l'article passé à l'époque de leur réception (444). Ces prix sont en caractères italiques : voyez la note (*b*) de l'article (442) ; et il ne faut pas oublier également d'aller remplir au débit des remises au grand livre, l'espace laissé en blanc, pour y écrire le produit de leur négociation. Voyez idem (*b*).

Fol. 31		
que m'a faite ledit James, le premier du courant, dont je n'ai pas passé écriture à l'époque de leur réception, et que j'ai négociées ce jour, pour compte à demi, comme suit :		
Traite Dowdrell, de 500 livres sterlings sur Thompson, de Londres, prise par James, à 35 sous de gros pour 1 livre sterling, faisant, à ce change, 5250 florins, que j'ai négociée à 30 deniers, faisant, (*a*)........	12000	»
Traite de Poppe, de 2000 marcs lubs, sur Lauterup, de Hambourg, prise par James, à 33 sous communs, faisant, à ce change, 1650 florins, que j'ai négociée à 26 sous lubs 6 deniers...........................	3692	30
Traite d'André, sur Rodrigues, de Madrid, de 1000 piastres, prise par James, au change de 92 den. de gros, pour un ducat, faisant, à ce change, en florins, 1668 fl. 5 sous 5 d., que j'ai négociée au change de 4 fr. 30 cent., faisant..............................	4200	»
447. —— *Du* 4 *Nivôse.* ——	19892	30
$\frac{7}{4}$ JAMES C.te à demi A CAISSE, 36000 fr. pour le montant des traites ci-après, que j'ai envoyées audit James, pour qu'il les négocie de compte à demi avec moi.		
5200 Florins, traite de Davidson, sur Powel,		

(*a*) En rapportant au crédit de James compte à demi, il faut porter le prix que lui ont coûté les lettres de change, dans la colonne intérieure; et celui auquel on les a négociées, dans la colonne ordinaire.

Fol.o 32			
d'Amsterdam, que j'ai prise au change de 52 d. de gros, pour 3 fr., faisant (205)..		12000	»
Dont James a reçu le montant en florins (a).............	5200 fl. »		
5100 Florins, traite de Dawidson, sur Henri, d'Amsterdam, que j'ai prise à 51 deniers pour 3 francs, faisant........................		12000	»
Dont James a reçu le montant en florins.................	5100 »		
5000 Id. dudit, sur Paul, d'Amsterdam, que j'ai prise à 50 deniers pour 3 fr., faisant................		12000	»
Négociée par James, à un demi pour cent, perte pour la lettre.	4975 »		
	15275 fl. »	36000	»

448. Du 5 Nivôse.

6/4 LECOUTEULX, compte à demi A CAISSE, 22850 francs pour le montant des effets que j'ai pris ce jour, et que j'ai envoyés audit Lecouteulx, pour être négociés de compte à demi avec moi, comme suit :

5000 Francs, traite de Bloonfield, sur Pepin, de Dunkerque, que j'ai prise à 3 pour cent de perte pour la lettre, ci. (b).........	4850	»

(a) Le montant des lettres de change qui a été reçu par James, soit quand il les négocie ou quand elles lui sont payées par les personnes sur lesquelles elles sont tirées, doit être rapporté dans la colonne intérieure du débit de James compte à demi (266). Voyez la note (b) de l'article (442).

(b) Le prix coûtant des lettres de change que j'envoie à Lecouteulx, ne doit être rapporté, lorsque je les lui envoie, que dans la colonne ordinaire du débit de Lecouteulx compte à demi (218).

	Fol.° 33				
	Négociée par Lecouteulx, à un pour cent perte pour la lettre, faisant (a)	4950	»		
	2700 Florins, traite de Martel, sur James, que j'ai prise au change de 54 deniers de gros, faisant............			6000	»
	Négociée par Lecouteulx, au change de 52 deniers de gros, faisant..................	6230	77		
	5300 Florins, traite de Martel, sur Howre, d'Amsterdam, que j'ai prise au change de 53 deniers de gros................................			12000	»
	Négociée par Lecouteulx, au change de 52 deniers.......	12230	77		
		27411	54	22850	»
	449. —— *Du 6 Nivôse.* ——				
$\frac{4}{6}$	CAISSE A REMISES, 30872 francs 98 cent. pour les effets suivans, provenant des remises que Lecouteulx m'a faites le 29 Frimaire dernier (442).				
	Traite de 5200 florins, de Pierre, sur James, d'Amsterdam, que j'ai négociée au change de 51 deniers (*b*)..........	12237	27		

(*a*) Le produit de la négociation ne doit être rapporté dans la colonne intérieure que dans la suite (219). Voyez la note (*b*) de l'article (442).

(*b*) Voyez la note de l'article (445).

Fol.° 34

Transport d'autre part.	12237	27		
Traite de 6000 francs de Viré, sur Paul, de Marseille, que j'ai négociée, à 2 pour cent, perte pour la lettre	5880	»		
Traite de 500 livres sterlings, de Hovi sur Williams, de Londres, que j'ai négociée au change de 28 deniers........	12755	71	30872	98

450. —— *Du 7 Nivôse.* ——

4/6 CAISSE A LECOUTEULX compte à demi, 32346 francs 75 c. pour les effets ci-après, qu'il m'a remis dans sa lettre du premier courant, dont je n'ai pas passé écriture à l'époque de leur réception, et que j'ai négociée ce jour, comme suit :		
Traité de 4000 florins cours, de Beaumont, de Paris, sur Kunkel, de Vienne, prise par Lecouteulx, au change de 25 creutzers pour un fr., faisant à ce change 9231 fr., (*a*) que j'ai négociée au change de 25 creutzers pour un fr., faisant, à ce change.	9600	»
Traite de 4000 creuzades de change, de Brindau, sur Jérémie, de Lisbonne, prise par Lecouteulx, au change de 480 rés pour 3 francs, faisant 10000 francs, que j'ai négociée au change de 475 rés, faisant....	10105	25
Transporté ci-contre........	19705	25

(*a*) Il faut porter le prix que ces lettres ont coûté dans la colonne intérieure du compte à demi de Lecouteulx ; et celui que leur négociation a produit, dans la colonne ordinaire (216).

Traite

	Fol.° 35				
	Transport de ci-contre........			10105	25
	Traite de 5400 florins b.°, de Baudouin, sur James, d'Amsterdam, prise par Lecouteulx, au change de 54 den., faisant 12000 francs, que j'ai négociée à 52 deniers, faisant..............................			12641	50
				32346	75
	451. —— *Du* 8 *Nivôse.* ——				
$\frac{6}{4}$	LECOUTEULX, Compte à demi à CAISSE, 34000 francs pour les effets ci-après, que j'ai pris aux changes suivans, et envoyés à Lecouteulx, pour être négociés par lui de compte à demi avec moi.				
	Traite de 4000 creuzades, de Poncet, sur Hélie, de Lisbonne, que j'ai prise au change de 480 rés pour 3 francs, faisant...			12000	»
	Négociée par Lecouteulx (*a*), *au change de 460 rés pour 3 francs*......	10434	75		
	Traite de 5200 florins, de Martel, sur Poppe, d'Amsterdam, que j'ai prise au change de 54 deniers, faisant..............................			10000	»
	Négociée par Lecouteulx, au change de 52 deniers de gros......................	12461	60		
	Transporté ci-contre..	22896	35	22000	»

(*a*) A l'époque où j'ai reçu avis de la négociation de ces lettres, j'ai écrit le prix qu'elles ont produit, sur l'espace laissé en blanc au présent article. Voyez la note (*b*) de l'article (442). C'est ce prix qu'il faut rapporter dans la colonne intérieure du débit de Lecouteulx compte à demi (218).

	Fol.° 36				
	Transport d'autre part...	22896	35	22000	»
	Traite de 500 livres sterlings, de Bloomfield, sur Roche, de Londres, que j'ai prise au change de 30 deniers........................			12000	»
	Négociée par Lecouteulx, au change de 28 deniers......	12855	71		
		35752	6	34000	»
	452. —— *Du 10 Nivôse.* ——				
	DIVERS, A CAISSE, 36600 francs pour les marchandises ci-après, achetées au comptant, et de compte à tiers avec les ci-après nommés :				
	20 Tonneaux vin rouge, à 1000 francs le tonneau........................	20000	»		
	32 Idem blanc, à 500 fr. dito...	16000	»		
	Frais	600	»		
		36600	»		
8	MARC.ses DE Compte à tiers avec BRAI ET DUPUI, pour mon tiers de l'achat des marchandises ci-dessus, achetées de compte à tiers avec les suivans. 12000				
	Pour les frais que j'ai déboursés.............. 600	12600	»		
9	BRAI, 12000 francs pour son tiers de l'achat.............	12000	»		
8/4	DUPUI, 12000 francs pour idem.	12000	»	36600	»

Fol.° 37

453. —— *Du 11 Nivôse.* ——

4/8 CAISSE, A MARC.ses de Comptes à tiers avec BRAI ET DUPUI, 19200 francs pour 32 tonneaux vin blanc, de compte à tiers avec Brai et Dupui, vendus au comptant, à raison de 600 francs le tonneau........ 19200 »

454. —— *Du 12 Nivôse.* ——

4/8 CAISSE, A MARC.ses de Compte à tiers avec BRAI ET DUPUI, 24000 francs pour 20 tonneaux vin de ceux de compte à tiers, que j'ai vendus pour du comptant, à raison de 1200 francs le tonneau........... 24000 »

455. —— *Dudit.* ——

8 MARC.ses de Compte à tiers avec BRAI ET DUPUI, A DIVERS, pour ce qui suit:

12 A FRAIS GÉNÉRAUX, 336 francs pour les frais que j'ai déboursés pour rabatage, tirage au fin, etc................ 336 »

12 A COMMISSIONS, 864 fr. pour ma commission à 2 pour cent, sur le produit de la vente des marchandises.............. 864 » 1200 »

456. —— *Dudit.* ——

8 MARC.ses Compte à tiers avec BRAI ET DUPUI, A DIVERS, 27600 francs pour autant qu'il revient à mes associés pour le net produit de la vente desdites marchandises, comme suit:

9 A BRAI, 13900 francs pour sa portion du net

Fol.º 38

produit de la vente desdites marchandises........................ 13800 »

8 A DUPUI, 13800 fr. pour idem. 13800 » | 27000 »

457. —— *Dudit.* ——

8/5 MARC.ses DE Compte à tiers avec BRAI ET DUPUI A PROFITS ET PERTES, 1800 francs pour le bénéfice que j'ai fait sur la vente desdites marchandises et pour solde.. | 1800 »

458. —— *Du 13 Nivôse.* ——

13/10 MARCH.ses DE Compte à demi avec DUBORD, A DUBORD, 10000 francs pour ma moitié de 40 tonneaux vin qu'il a achetés, à 500 francs le tonneau, et qu'il m'a expédiés pour être vendus de compte à demi .... | 10000 »

459. —— *Du 14 Nivôse.* ——

4/13 CAISSE, A MARC.ses DE Compte à demi avec DUBORD, 24000 francs pour autant que l'on m'a compté en payement des 40 tonneaux vin de compte à demi avec Dubord, que j'ai vendus ce jour à 600 francs le tonneau, ci........................ | 24000 »

460. —— *Dudit.* ——

13/12 MARC.ses DE Compte à demi avec DUBORD, A FRAIS GÉNÉRAUX, 1000 francs pour le montant des frais de magasin ou de réception desdites marchandises........... | 1000 »

461. —— *Dudit.* ——

13/10 MARC.ses DE Compte à demi avec DUBORD, A DUBORD, 11500 francs pour sa por-

Fol.o 39

tion du net produit de la vente de 40 t.x vin de compte à demi avec lui.......... | 11500 | »

462. — *Dudit.* —

13/5 MARC.ses DE Compte à demi avec DUBORD, A PROFITS ET PERTES, 1500 francs pour ma portion du bédéfice sur le net produit de la yente de ces marchandises et pour solde.......................... | 1500 | »

463. — *Du 15 Nivôse.* —

14/9 MARC.ses DE Compte à demi avec DUPRÉ, A DUPRÉ, 10000 fr. pour ma demi de 1000 caisses prunes dente que Dupui a achetées de compte à demi avec moi, et qu'il doit vendre...................... | 10000 | »

464. — *Du 16 Nivôse.* —

9/14 DUPRÉ, A MARC.ses DE Compte à demi avec DUPRÉ, 12500 francs pour la moitié du net produit de la vente que Dupré a faite des 1000 caisses prunes, et dont il m'a donné avis.......................... | 12500 | »

465. — *Dudit.* —

14/5 MARC.ses DE Compte à demi avec DUPUI, A PROFITS ET PERTES, 2500 fr. pour ma moitié du bénéfice résultant de la vente de ces marchandises et pour solde....... | 2500 | »

466. — *Du 19 Nivôse.* —

DIVERS, A DIVERS, 274900 francs pour le montant du compte que m'a rendu le capitaine de mon navire la Joséphine, de retour en ce port, tant du désarmement

Fol.° 40

que de l'armement dudit navire au Cap, de la vente et achat des marchandises qui composent la cargaison d'allée et de retour, ensemble le frêt des marchandises et passage de quatre personnes, comme suit :

13 ARMEMENT DU NAVIRE LA JOSÉPHINE, 11900 fr. pour ce qui suit :

Pour achat de vivres au Cap. 1400
Pour réparations au navire.. 500

——— 1900

11 CARG.on DU NAVIRE LA JOSEP.ne, 2000 fr. pour frais de déchargement des marchandises vendues au Cap, et pour ceux de déchargement des marchandises en retour, montant.. 2000

1 MARC.ses GÉNÉ.les, 216000 fr. pour le montant de 10500 myriagammes de café, composant le chargement en retour, coûtant...... 120000
Pour 30 fut. indigo, idem.. 60000
Pour 100 balles de coton, id. 36000

——— 216000

14 ANDRIEU LAFFITE ET BERNARD, du Cap, 27000 francs pour les marchandises que leur a vendues le capitaine, et dont ils demeurent débiteurs.................... 27000

14 DUBERGIER, 7000 fr. pour idem.. 7000

2 LETTRES ET BILLETS A REC.oir, 8000 fr. pour le montant de la traite à notre ordre, de Durand, sur Pau-

Porté ci-contre........ 253900

Fol.° 41

Transporté d'autre part... 253900

jet, de Paris, au 24 Frimaire fixe, pour marchandises vendues au Cap, audit Durand.................. 8000

4 CAISSE, 13000 fr. pour autant que m'a compté le capitaine, pour solde. 13000

274900

13 A ARMEMENT DU NAVIRE LA JOSEPHINE, 39000 francs pour le montant du frêt des marchandises, qui a été compté au capitai. 35000
Pour prix du voy. de 4 passagers. 4000
39000

11 A CARGAISON DU NAVIRE LA JOSEPHINE, 235900 fr. pour le montant total des marchandises composant le chargement dudit navire, que le capitaine a vendues au Cap, tant au comptant qu'au crédit... 235900

274900 »

467. —— *Du 20 Nivôse.* ——

DIVERS, A CAISSE, 31400 francs que j'ai compté au capitaine Comminet.

13 ARMEMENT DU NAVIRE LA JOSEPHINE, 26500 francs pour frais de désarmement, gages de l'équipage et prix du voyage du capitaine........ 26500 »

$\frac{1}{4}$ MARC.ises GÉNÉ.les, pour frais de déchargement de celles apportées en retour........... 4900 »

Fol.° 42

Folio	Article	Francs	
	468. — *Dudit.* —		
1/13	MAR.ses GÉNÉ.les A ARMEMENT DU NAVIRE LA JOSEPHINE, 25000 fr. pour l'évaluation du frêt des marchandises qui m'ont été apportées en retour	25000	»
	469. — *Du 22 Nivôse.* —		
4/13	CAISSE, A ARMEMENT DU NAVIRE LA JOSEPHINE, 30000 francs que j'ai reçu pour le frêt des marchandises apportées pour compte de divers.............	30000	»
	470. — *Dudit.* —		
11/13	CARGAISON DU NAVIRE LA JOSÉPHINE, A ARMEMENT, 20000 francs pour l'évaluation du frêt de la cargaison que j'ai envoyé au Cap, par mon navire la Joséphine.........................	20000	»
	471. — *Du 23 Nivôse.* —		
4/13	CAISSE, A ARMEMENT DU NAVIRE LA JOSEPHINE, 10000 fr. que j'ai reçu pour le prix du passage de 4 colons apportés en Europe, par mon navire la Joséphine....	10000	»
	472. — *Dudit.* —		
	DIVERS, A PROFITS ET PERTES, 111200 fr. pour solde des comptes de cargaison et d'armement de la Joséphine.		
11	CARGAISON DE LA JOSEPHINE, pour bénéfice qu'elle m'a procuré..... 57600		
13/5	ARMEMENT DU NAVIRE LA JOSEPHINE, pour idem......... 53600	111200	»

Fol.° 43

	473. — *Du 24 Nivôse.* —		
4	CAISSE, A DIVERS, 61080 francs pour autant que les suivans m'ont compté pour solde de leurs comptes, et dont il a été omis de passer écriture en son temps.		
12	A BAUFOUR, 11000 fr. qu'il m'a compté pour solde.	11000	
7	A JAUGE, de Paris, 27680 fr. pour autant dont je me suis prévalu sur lui en une traite à vue, ordre d'Ovi, qui m'en a compté la valeur au pair.	2400	
11	A DUPIN, 20000 francs qu'il m'a compté pour solde.	20000	
9	A ROBERT, de Paris, 27680 francs pour le montant de ma traite, à vue sur lui, ladite traite ordre de Dupré, qui m'en a payé la valeur au pair.	27680	
			61080 »
	474. — *Dudit.* —		
5/12	PROFITS ET PERTES, A FRAIS GÉNÉRAUX, 4064 fr. pour solde des frais que j'ai déboursés cette année.		4064 »
	475. — *Dudit.* —		
12/5	COMMISSIONS, A PROFITS ET PERTES, 2064 fr. pour le montant des commissions que j'ai gagnées cette année, et pour solde.		2064 »
	476. — *Dudit.* —		
12/5	ASSURANCES, A PROFITS ET PERTES,		

Fol.° 44

7000 fr. pour solde des primes que j'ai gagnées cette année.................... 7000 »

477. —— *Du 24 Nivôse.* ——

5/13 PROFITS ET PERTES, A DÉPENSES GÉNÉRALES, 3000 fr. pour solde des dépenses que j'ai faites cette année........ 3000 »

478. —— *Dudit.* ——

10/7 JAMES, D'Amsterdam, A JAMES, Compte à demi, 2819 fr. 33 cent. pour solde des recouvremens qu'il a faits en monnoies de son pays, au-delà de ce qu'il a fourni en mêmes monnoies, pour les opérations de banque de compte à demi avec lui; ladite solde montant en florins, à 1268 fl. 14 sous, qui au change de 54 den. courans, font en francs.............................. 2819 33

479. —— *Dudit.* ——

DIVERS, A JAMES, Compte à demi, 1383 fr. 37 cent. (214) pour solde de ce compte à demi, comme suit :

10 JAMES, d'Amsterdam, 691 fr. 69 cent. pour sa demi de la perte que nous avons faite sur les opérations de banque de compte à demi.......................... 691 69

5/7 PROFITS ET PERTES, 691 fr. 69 cent. pour ma demi de la perte ci-dessus......................... 691 69

480. —— *Dudit.* ——

6/10 LECOUTEULX, Compte à demi, à LECOUTEULX, 1887 fr. 40 cent. pour solde des

Fol.° 48

recouvremens que j'ai faits au-delà de ce que j'ai fourni pour les opérations de banque, de compte à demi avec ledit Lecouteulx, ci........................ 1887 | 40

481. —— *Du 24 Nivôse.* ——

6 LECOUTEULX, COMPTE A DEMI A DIVERS, 4482 fr. 33 cent. pour solde dudit compte à demi, comme suit :

10 A LECOUTEULX, 2241 fr. 17 cent. pour le montant de sa moitié du bénéfice que nous avons fait sur les opérations de banque de compte à demi. 2241 17

5 A PROFITS ET PERTES, 2241 fr. 16 centimes pour ma moitié dudit bénéfice.......................... 2241 16

4482 | 33

482. —— *Du 24 Nivôse.* ——

15/1 BALANCE DE SORTIE A M.ses G.les, 326000 fr. pour le montant des marchandises suivantes qui restent en magasin, et que j'ai évaluées comme suit :

3 Tonn.x vin rouge, à 1000 fr. le tonneau.................... 3000

200 Mètres drap commun, à 10 fr. le mètre................ 2000

10500 Miriagrammes café, à 20 fr. le miriagramme.................210000

30 Futailles indigo............ 70000

100 Balles coton.............. 41000

326000 | »

Fol.° 46

		fr.	c.
	483. ——— *Dudit.* ———		
1/5	M.ses G.les, A PROFITS ET PERTES, 88916 fr. pour autant que j'ai gagné cette année sur mes marchandises, et pour solde du compte de marchandises générales........................	88916	»
	484. ——— *Dudit.* ———		
15/10	BALANCE DE SORTIE, A NAVIRE LA JOSÉPHINE, 80000 fr. pour le montant dudit navire, qui a été évalué à cette somme............................	80000	»
	485. ——— *Dudit.* ———		
5/10	PROFITS ET PERTES, A NAVIRE LA JOSEPHINE, 10000 fr. pour solde du compte dudit navire, ci...............	10000	»
	486. ——— *Dudit.* ———		
5/15	PROFITS ET PERTES, A CAPITAL, 182084 fr. 14 cent. pour le profit net que j'ai fait cette année, et pour solde du compte de profits et pertes............	182084	14
	487. ——— *Dudit.* ———		
15/4	BALANCE DE SORTIE, A CAISSE, 39801 fr. 69 cent. pour autant qu'il me reste en caisse, et pour solde du compte de caisse..	39801	69
	488. ——— *Dudit.* ———		
15/2	BALANCE DE SORTIE, A LETT. ET B.ets A R.oir, 40000 fr. pour le montant		

Fol.º 47

des billets ci-après, que j'ai en porte-feuille, et pour solde du compte de billets à recevoir :

Billet de Jean, à mon ord. à 6 mois. 4000
Idem de Dupin................ 6000
Idem de Paul.................. 1000
Idem de Bonnafous............ 10000
Idem de Jaure................ 4000
Idem de Bonafé............... 4000
Idem de Dupré................ 1000
Idem de Brai................. 1000
Idem de Dupui................ 1000
Traite de Durand, sur Paujet.... 8000

40000 »

489. —— *Dudit.* ——

3/15 LETT. ET B.ets A PAYER, A BALANCE DE SORTIE, 33205 pour le montant de mes billets ci-après, qui sont encore en circulation, et pour solde du compte de billets à payer :

Mon billet, ordre d'André....... 10000
Idem, ordre de Dupui......... 6000
Traite de Robert, sur moi, que j'ai acceptée.................. 7205
Mon billet, ordre de Bonnafous.. 10000

33205 »

490. —— *Dudit.* ——

10/15 JAMES, D'AMSTERDAM, A BALANCE DE SORTIE, 26488 fr. 98 cent. pour solde de son compte.............. 26488 98

	Fol.º 48		
	491. —— *Dudit.* ——		
7/15	JEAN, A BALANCE DE SORTIE, 3000 fr. pour solde de son compte..............	3000	»
	492. —— *Dudit.* ——		
8/15	DUPUI, A BALANCE DE SORTIE, 17200 fr. pour solde de son compte..............	17200	»
	493. —— *Dudit.* ——		
9/15	BRAI, A BALANCE DE SORTIE, 115795 fr. pour solde de son compte..............	115795	»
	494. —— *Dudit.* ——		
6/15	JAMES, DE L'ISLE-DE-FRANCE, A BALANCE DE SORTIE, 4000 francs pour solde de son compte....................	21500	»
	495. —— *Dudit.* ——		
10/15	DUBORD, A BALANCE DE SORTIE, 21500 francs pour solde de son compte..	7500	»
	496. —— *Dudit.* ——		
11/15	MARIE BRIZARD A BALANCE DE SORTIE, 7500 francs pour solde de son compte...........................	7500	»

	Fol.º 49		
	497. —— *Dudit.* ——		
21/15	MAIDIEU, A BALANCE DE SORTIE, 48800 francs pour balance de son compte.	48800	»
	498. —— *Dudit.* ——		
11/15	PIERRE, A BALANCE DE SORTIE, 6000 fr. pour balance de son compte............	6000	»
	499. —— *Dudit.* ——		
15/10	BALANCE DE SORTIE, A LECOUTEULX, DE PARIS, 15071 fr. 43 cent. pour solde de son compte......................	15071	43
	500. —— *Dudit.* ——		
9/15	DUPRÉ A BALANCE DE SORTIE, 69300 fr. pour solde de son compte..............	69300	»
	501. —— *Dudit.* ——		
15/14	BALANCE DE SORTIE, A ANDRIEU LAFFITE ET BERNARD, du Cap., 27000 francs pour solde de leur compte.	27000	»
	502. —— *Dudit.* ——		
15/14	BALANCE DE SORTIE, A DUBERGIER, 7000 fr. pour solde de son compte......	7000	»

Fol.° 50

503. ——— *Dudit.* ———

35/25	CAPITAL, A BALANCE DE SORTIE, 182084 fr. 14 cent. pour solde du compte de capital et de balance................	182084	»

FIN DU JOURNAL.

GRAND LIVRE

GRAND LIVRE.

RÉPERTOIRE
DU GRAND LIVRE.

Fol.° 1. *Grand Livre.*

MARCHANDISES GÉNÉRALES, DOIVENT :

Mois	Jour	Libellé	Fol. Journ.	Fol. Gr. Liv.	Somme
An 10, Vendé.	1	A Pierre, pour 10 tonneaux vin rouge	1	11	3000
	2	A Dupré, pour 20 tonneaux vin blanc	1	9	4000
	3	A Dupin, pour 2 barriques sucre brut	1	8	1500
	7	A Caisse, pour le payement de 12 tonneaux vin	2	4	2400
	9	A Lettres et Billets à payer, pour 1000 myr. savon	2	3	9000
	11	A Lecouteulx, de Paris, pour 10 tonneaux vin rouge.	3	13	2000
	12	A Marchand. Géné., pour 10 t. vin achetés à Dupui.	3	1	2400
	13	A Divers, pour 29 tonneaux vin	3	»	11600
	15	A Idem, pour 12 tonn. vin de Médoc	4	»	10000
	16	A Marchand. Géné., pour 200 mètres drap commun.	5	1	2000
	25	A Divers, pour 198 mètres drap, de l'envoi de Jacob.	7	»	4060
	28	A James, pour une balle mousseline	8	6	4000
	29	A Divers, pour 76 tonneaux vin	8	»	78000
Brum.	8	A Pierre, pour 2 tonneaux vin	11	11	2000
	16	A Idem, pour un tonneau vin	13	11	1000
	20	A Lettres et Billets à payer	14	3	400
	21	A Caisse	14	4	780
	28	A Jean, pour 2 tonneaux vin	16	7	2000
Frimai.	14	A Idem, pour un tonneau vin	21	7	1400
Nivôse.	19	A Divers	40	»	216000
	20	A Caisse, pour frais du chargement de mon navire.	41	4	4990
	20	A Armement du navire la Joséphine	42	13	25000
					387440
	24	A Profits et Pertes, pour bénéfices sur nos marchandises, et pour solde	46	5	88916
					476356

Grand Livre. *Fol.°* 1

			AVOIR :		
An 10, Vendé.	4	Par Dupui, pour 10 tonneaux vin rouge..........	1	8	4000
	5	Par Dupré, pour 2 barriques sucre brut...........	2	9	1508
	8	Par Caisse, pour le payement de 12 tonneaux vin..	2	4	3000
	10	Par Lettres et Billets à rec., pour 200 myr. savon..	2	2	2000
	11	Par Marchandises Générales, pour 12 tonn. vin.....	3	1	2400
	14	Par Divers, pour 29 tonn. vin rouge...........	4	»	13200
	15	Par Marchandises Génerales; pour 200 myr. savon..	4	1	2000
	16	Par Divers, pour 12 tonneaux vin...............	5	»	12000
	23	Par Profits et Pertes, pour 100 myr. savon perdu..	7	5	1200
	24	Par Jauge, pour 200 myriagrammes savon..........	7	7	2400
	27	Par Divers, p. l'envoi, à Robert, de 198 mètres drap.	7	»	4356
	30	Par Idem, pour 101 tonn. vin, et 300 myr. savon..	9	»	91800
Brum.	9	Par Jean, pour 3 tonneaux vin..................	11	7	3000
	17	Par Idem, pour un tonneau idem.................	13	7	1000
	23	Par Divers, pour les mousselines chargées sur le Jason.	14	»	4000
	29	Par Pierre, pour 2 tonneaux vin................	17	11	2500
Nivôse.	24	Par Balance de sortie, pour celles qui me restent en magasin................................	45	15	326000
					476356

Fol. 2 *Grand Livre.*

LETTRES ET BILLETS A RECEVOIR, DOIVENT :

An 10,								
Vendé.	10	A Marc. Générales, pour le bill. de	1	1	Pierre	2	1	2000
	16	A Idem, pour le billet de Jean.....	2		....	5	1	4000
	17	A Caisse, pour le billet de Jacques.	3	2	....	5	4	10000
	22	A Divers, pour idem de Bonnafous.	4	9	....	6	9	10000
Brum.	4	A Dupin, pour idem, à mon ordre.	5	3	....	10	8	1000
	8	A Pierre, pour idem dudit.........	6	4	....	11	11	3000
	13	A Dupré, pour son billet..........	7	5	....	12	9	1500
	24	A Brai, pour sa traite sur Lond...	8	6	....	14	9	7440
	26	A Idem, pour idem, sur Amsterd..	9	7	....	15	9	12000
	28	A Jean, pour son billet à un mois..	10	8	....	16	7	3000
Frimai.	10	A Lett. et Bill. à payer, p. le billet	11		de Dupin..	9	3	6000
	11	A Robert, de Paris, pour sa remise.	12	10	....	9	9	12000
	14	A Paul, pour le billet dudit.......	13		....	21	8	1000
	15	A Billets à payer, pour le billet de	14		Bonnafous.	22	3	10000
	17	A Profits et pertes, pour id. de prime	15		de Jaure...	23	5	4000
	24	A Assurances, pour le bill. de prime	16		de Bonnaffé	25	12	4000
	25	A Idem, pour le billet de prime de	17		Dupré	25	12	1000
	25	A Idem, pour idem, id. de Brai....	18		....	25	12	1000
	25	A Idem, pour id., id. de Dupui...	19		....	25	12	1000
Nivôse.	19	A Divers, pour la traite sur Paujet..	20		....	40	»	8000
								101940

Nota. Les numéros de rencontre de la première colonne du débit, sont ceux de l'entrée en porte-feuille des billets à recevoir.

Les numéros de la seconde colonne du débit, sont ceux de la sortie des billets, dont les numéros placés dans la première colonne indiquent l'entrée.

Les numéros de la première colonne du débit, indiquent donc l'ordre de l'entrée des billets à recevoir, et les numéros de la seconde colonne indiquent l'ordre de la sortie de ces mêmes billets.

Grand Livre. *Fol.° 2*

AVOIR:

An 10, Vendé.	15	Par March. Génér., p. le bill. de	1	1 Pierre....	4	1	2000
	19	Par Caisse, pour le bill. de Jacques.	2	3	5	4	10000
Brum.	5	Par Dupré, pour idem de Dupui....	3	5	10	9	1000
	9	Par Jean, pour idem de Pierre....	4	6	11	7	3000
	14	Par Dupui, pour idem de Dupré...	5	7	12	8	1500
	25	Par Divers, pour remise d'ordre de	6	8 Robert....	15	»	7440
	27	Par Robert, pour id., sur Amsterd.	7	9	15	9	12000
	29	Par Pierre, pour le billet de Jean.	8	10	16	11	3000
Frim.	2	Par Caisse, p. le bill. de Bonnafous.	9	4	17	4	10000
	13	Par Idem, pour traite sur Londres..	10	12	24	4	12000
Nivôse.	24	Par Balance, pour le billet de Jean.	11	....	10	15	4000
		Par Idem, pour le billet de Dupin.	12	....	46	15	6000
		Par Idem, idem de Paul..........	13	....	46	15	1000
		Par Idem de Bonnafous..........	14	....	46	15	10000
		Par Idem de Jaure..............	15	....	46	15	4000
		Par Idem de Bonnaffé...........	16	....	46	15	4000
		Par Idem de Dupré..............	17	....	46	15	1000
		Par Idem de Brai...............	18	....	46	15	1000
		Par Idem de Dupui..............	19	....	46	15	1000
		Par Idem, pour la traite sur Paujet.	20	....	46	15	8000
							101940

Nota. Les numéros de rencontre de la première colonne du crédit, sont ceux de la sortie des billets qu'on a négociés, dont on a reçu le montant, ou qu'on a donnés en payement.

Chacun des numéros placés dans la seconde colonne du crédit, est celui de l'entrée du billet dont le numéro placé dans la première colonne du crédit, désigne la sortie.

Ainsi, les numéros de la première colonne du crédit, indiquent l'ordre de la sortie des billets à recevoir, et les numéros placés dans la seconde colonne, indiquent l'ordre de l'entrée de ces mêmes billets.

Folio 3. *Grand Livre.*

LETT. ET B.ets A PAYER, DOIVENT.

An 10.								
Vendé.	16	A M. G., pour mon billet, ord. de	1	2	Dupré...	5	1	2000
	21	A Div., pour id., ord. de Dupui...	2	1	....	6	»	9000
Brum.	15	A Dupui, pour id., ord. de Dupré.	3	7	....	12	8	4000
	23	A M. G., pour id., ord. du Dubord.	4	8	....	14	1	400
	28	A Jean, pour mon bill., à son ord..	5	6	....	16	7	3000
	30	A Caisse, pour la traite de Jacob..	6	4	....	17	4	3960
		A Idem, p. mon bil., ord. de Jean.	7	5	....	17	4	1000
Frimai.	14	A Dupré, pour id., ord. de Pierre..	8	9	....	21	9	3000
Nivôse.	24	A Balance, pour mon billet, ordre	9		d'André...	47	15	10000
		A Idem, pour idem, ordre de Dupui.	10		....	47	15	6000
		A Idem, pour la traite de Robert,	11		acceptée...	47	15	7205
		A Idem, pour mon billet, ordre de	12		Bonnafous.	47	15	10000
								59565

N.a Le premier billet qui a été porté au débit du présent compte, a été rapporté sous le n.° 1; c'est-à-dire, on a mis le n.° 1, dans la première des deux colonnes placées au milieu de la page gauche, ou du débit de ce même compte, pour avertir que ce même billet est le premier qui soit rentré. On a mis le n.° 2, dans la même colonne, lorsqu'on a rapporté le second billet rentré; n.° 3, lorsqu'on a rapporté le troisième billet; n.° 4, lorsqu'on a rapporté le quatrième billet rentré, et ainsi de suite (176). Conséquemment, les numéros de la première colonne du débit, indiquent l'ordre de la rentrée des billets à payer.

Les numéros de la seconde colonne, sont ceux de la sortie de ces mêmes billets, ou de l'ordre de leur transport au crédit. (177).

Grand Livre. *Fol.*° 3.

						AVOIR.		
An 10.								
Vendé.	9	Par M. G., pour mon	1	1	bill., ordre de Dupui..	2	1	9000
	11	Par Idem, pour idem,	2	1	idem	3	1	2000
	20	Par Divers, pour idem,	3		ordre d'André	6	»	10000
	25	Par M.ses G.les, traite	4	6	de Jacob, acceptée	7	1	3960
Brumai.	2	Par Jean, pour mon bil.,	5	7	ordre dudit	9	7	1000
	9	Par Idem	6	5	idem	11	7	3000
	9	Par Dupré, pour mon	7	3	billet à son ordre	12	9	4000
	20	Par M. G., pour idem,	8	4	ordre de Dubord	14	1	400
	29	Par Pierre, pour idem,	9	8	à son ordre	16	11	3000
Frimair.	10	Par L. et Bill. à recev.,	10		p. m. bil., ord. de Dup.	19	2	6000
	12	Par Brai, pour la traite	11		de Robert, acceptée	20	9	7205
	15	Par L. et B. à rec., pour	12		mon b., ord. de Bonnaf.	22	2	10000
								59565

N.a Le premier billet qui a été rapporté au crédit du présent compte, a été rapporté sous le n.° 1; c'est-à-dire, on a mis le numéro 1, dans la première des deux colonnes, placées au milieu de la page à droite, ou du crédit de ce même compte, pour avertir que ce billet est le premier qui soit sorti. On a mis le n.° 2, dans la même colonne, lorsqu'on a rapporté au crédit le second billet sorti; n.° 3, lorsqu'on a rapporté le troisième billet sorti, et ainsi de suite (175). Conséquemment, les numéros de la première colonne du crédit, indiquent l'ordre de la sortie des billets à payer.

Les numéros de la seconde colonne du crédit, sont ceux de l'entrée de chaque billet (177). Ainsi, les numéros de la première colonne du crédit, sont ceux de la sortie des billets à payer; et les numéros de la seconde colonne, sont ceux de l'entrée de ces mêmes billets, ou de l'ordre de leur rapport au débit.

Chacun des numéros de la colonne du crédit, qui n'est pas suivi d'un autre numéro placé dans la seconde colonne, indique que le billet désigné par ce numéro, est sorti et n'est pas rentré; et par conséquent qu'il doit être en circulation.

Fol.o 4 *Grand Livre.*

CAISSE, DOIT.

An 10.						
Vendé.	6	A Profits et Pertes, pour le don de 20 tonn. vin..	2	5	20000	
	8	A Marchandises Générales, pour 12 tonneaux vin...	2	1	3000	
	14	A Idem, pour ce que m'a compté Pierre.........	4	1	12804	
	16	A Idem, reçu de Jean..........................	5	1	3880	
	19	A Lett. et Billets à recev., reçu pour le b. de Jacques.	5	2	10000	
	20	A Lettres et Billets à payer..................	6	3	9700	
	27	A Marchandises Générales, reçu de Raffin.........	8	1	4290	66
Brumai.	3	A Jean, qu'il m'a prêté..................	9	7	1000	
	6	A Pierre, idem..............................	10	11	5910	
	8	A Idem, idem.	11	11	4850	
	13	A Dupui, qu'il m'a compté..................	12	8	4000	
	18	A Jean, idem................................	13	7	970	
	23	A Marchandises Générales, reçu de Dubord......	14	1	3600	
	28	A Jean, reçu dudit..........................	16	7	2000	
Frimair.	2	A Lettres et Billets à recevoir..............	17	2	10000	
	8	A Dupui, reçu de Pierre......................	18	8	12000	
	13	A Divers..................................	21	»	12005	
	14	A Dupui, reçu dudit.........................	22	8	1552	
	15	A Profits et Pertes	22	5	100	
	16	A Idem, reçu de Dupui.......................	22	5	1200	
	19	A Idem, gagné à la loterie...................	23	5	20000	
	21	A Idem, reçu de mon apprentif...............	24	5	1000	
Nivôse.	2	A Remises, reçu pour remises.................	30	6	32455	
	3	A James, reçu pour idem,....................	30	7	19892	30
	6	A Remises, pour celles négociées.............	33	6	30872	98
	7	A Lecouteulx, compte à demi, pour rem. négociées.	34	6	32346	75
	11	A March. de Compte à tiers, avec Brai et Dupui..	37	8	19200	
	12	A Idem, idem................................	37	8	24000	
	14	A Marc. de Compte à demi avec Dubord	38	13	24000	
	19	A Divers..................................	41	»	13000	
	22	A Armement, reçu pour frêt..................	42	13	30000	
	23	A Idem, reçu de quatre passagers.............	42	13	10000	
	24	A Divers..................................	43	»	61080	
					440708	69

Grand Livre. Fol.° 4

AVOIR.

An 10.						
Vendém.	7	Par Marchandises Générales, compté à Dupré	2	1	2400	
	13	Par idem, payé à Martin	3	1	11252	
	15	Par idem, idem à Dupui	4	1	3880	
	17	Par Lett. et Bill. à recev., pour billet de Jacques	5	2	10000	
	21	Par Lett. et Billets à payer, payé pour mon billet	6	3	8730	
	23	Par Lett. et Billets à recev., pour le bill. de Bonnafous	6	2	9800	
	25	Par Marchandises Générales, pour frais	7	1	100	
Brumai.	1	Par Pierre, à lui prêté	9	11	1000	
	7	Par Dupui, idem	10	8	5820	
	9	Par Jean, à lui compté	11	7	970	
	11	Par Pierre, idem	12	11	3000	
	19	Par Dupui, idem	14	8	2910	
	21	Par Marchandises Générales, pour courtage	14	1	780	
	29	Par Pierre	17	11	1500	
	30	Par Lett. et Bill. à payer	17	3	4950	
Frimair.	5	Par Dupui	18	8	1000	
	9	Par Robert, compte à Jean	19	9	8000	
	13	Par Caisse	21	4	5	
	18	Par Profits et pertes	23	5	40000	
	20	Par idem, qu'on m'a volé	24	5	20000	
	20	Par idem, pour dépensé	24	5	3000	
	22	Par Navire la Joséphine	24	10	30000	
	27	Par Divers	26	»	8400	
	28	Par Armement de la Joséphine	27	13	42000	
	30	Par James, compte à demi	28	7	20550	
Nivôse.	4	Par idem	31	7	36000	
	5	Par Lecouteulx, compte à demi	32	6	22850	
	8	Par idem	35	6	34000	
	10	Par Divers	36	»	36600	
	20	Par idem, compté au capitaine	41	»	31400	
					400907	
	24	Par Balance de sortie	46	15	39801	69
					440708	69

Fol.º 5 *Grand Livre.*

PROFITS ET PERTES, DOIVENT :

Mois	Jour	Article	Fol.		Sommes	
An 10, Vendé.	14	A Marchandises Générales, pour escompte	4	1	396	
	16	A idem, pour idem	5	1	120	
	21	A Lettres et Billets à payer, pour idem	6	1	300	
	23	A Marchandises Générales, pour celles perdues	7	1	1200	
	27	A Idem, pour escompte	8	1	65	34
Brum.	6	A Pierre, pour idem	10	11	90	
	8	A Idem, idem	11	17	150	
	18	A Jean	13	2	30	
	25	A Lettres et Billets à recevoir	15	8	240	
Frimair.	14	A Dupui, pour escompte	22	4	48	
	18	A Caisse, payé à Jaure	23	4	40000	
	20	A Idem, pour vol	24		20000	
	20	A Idem, pour dépense	24	4	3000	
Nivôse.	24	A Frais Généraux, pour solde	43	12	4064	
		A Dépenses Générales, idem	44	13	3000	
		A James, Compte à demi, idem	44	7	691	68
		A Navire la Joséphine, idem	46	10	10000	
					83395	02
	24	A Capital, pour solde	46	15	182084	14
					265479	16

Grand Livre. *Fol.°* 5

AVOIR:

An 10, Vendé.	6	Par Caisse, pour cadeau	2	4	20000	
	13	Par Marchandises Générales, pour escompte	3	1	348	
	15	Par Idem, pour idem	4	1	120	
	21	Par Lettres et Billets à payer, pour idem	6	3	270	
	22	Par Lettres et Billets à recevoir, pour idem	6	2	200	
Brum.	7	Par Dupui, pour idem	10	8	180	
	9	Par Jean, pour idem	11	7	30	
	19	Par Dupui, pour idem	14	8	90	
	27	Par Robert	16	9	480	
Frim.	12	Par Brai	20	9	240	
	15	Par Caisse	23	4	100	
	16	Par Idem, pour commission	23	4	1200	
	17	Par Lettres et Billets à recevoir, pour prime	23	2	4000	
	19	Par Caisse, gagné à la loterie	23	4	20000	
	21	Par Idem, reçu de mon apprentif	24	4	1000	
Nivôse.	12	Par Marchandises de Compte à tiers	38	8	1800	
	13	Par Marchandises de Compte à demi avec Dubord	39	13	1500	
	16	Par Idem, idem avec Dupré	39	14	2500	
	23	Par Divers	42	»	111200	
	24	Par Commission, pour solde	43	12	2064	
		Par Assurances, pour idem	43	12	7000	
		Par Lecouteulx, Compte à demi, pour idem	45	6	2241	16
		Par Marchandises Générales, pour bénéfices sur nos mar.	46	1	88916	
					265479	16

Fol.o 6 *Grand Livre.*

REMISES, DOIVENT :

An 10, Frim.	29	A Lecouteulx, compte à 1 4 demi, p. traite sur James.	27	6	12237	27
	d°	A Idem, pour la traite 2 5 sur Paul.	28	6	5880	
	d°	A Idem, pour idem sur 3 6 Williams	28	6	12755	71
Nivôse.	1	A James, compte à demi, 4 1 pour idem, sur Hovy	29	7	5955	
	1	A Idem, pour idem, sur 5 2 Williams	29	7	12000	
	1	A Idem, pour idem, sur 6 3 Lerouge.	30	7	14500	
					63327	98

JAMES, DE L'ISLE-DE-FRANCE,

An 10, Nivôse.	24	A Balance de sortie, pour solde	48	15	4000	»

LECOUTEULX, COMPTE A DEMI,

An 10, Nivôse.	5	A Caisse, pour la traite, sur Pepin.	4950		32	4	4850	
	d°	A Idem, pour idem, sur James.	6230	77	33	4	6000	
	d°	A Idem, pour idem, sur Hovre.	12230	77	33	4	12000	
	8	A Idem, pour idem, sur Hélies.	10434	75	35	4	10000	
	d°	A Idem, pour idem, sur Poppe.	12461	60	35	4	12000	
	d°	A Idem, pour idem, sur Roche.	12855	71	36	4	12000	
	24	A Lecouteulx, de Paris, pour solde.	1887	40	44	10	1887	40
	d°	A Divers, pour solde.			45		4482	33
			61051				63219	73

ROBERTSON,

Grand Livre. *Fol.° 6*

AVOIR :

An 10, Nivôse.	2	Par Caisse, pour la traite 1, 4 sur Hovy.		30	4	5955	
	d°	Par Idem, pour idem, 2, 5 sur Williams.		30	4	12000	
	d°	Par Idem, pour idem, 3, 6 sur Lerouge		30	4	14500	
	6	Par Idem, pour idem, 4, 1 sur James.		33	4	12237	27
	d°	Par Idem, pour idem, 5, 2 sur Paul.		34	4	5880	
	d°	Par idem, pour idem, 6, 3 sur Williams.		34	4	12755	71
						63327	98
An 10, Vendé.	28	Par Marchandises Générales		8	1	4000	»
An 10, Frim.	29	Par Remises, pour la traite sur James.	12000	27		12237	27
	d°	Par Idem, pour idem, sur Paul.	5820	28		5880	
	d°	Par Idem, pour idem, sur Williams.	12000	28		12755	71
Nivôse.	7	Par Caisse, pour idem, sur Kunckel.	9231	34	6	9600	
	d°	Par Idem, pour idem, sur Jérémie,	10000	34	6	10105	25
	d°	Par Idem, pour idem, sur James.	12000	35	6	12641	50
					4		
					4		
			61051		4	63219	73

Fol.° 7 *Grand Livre.*

JEAN, DOIT:

An 10, Vendé.	30	A Marchandises Générales.	9	1	22400
Brum.	1	A Lettres et Billets à payer.	9	3	1000
	9	A Divers, pour prêt	11	"	10000
	16	A Marchandises Générales.	13	1	1000
Nivôse.	24	A Balance, pour solde.	48	15	3000
					37400

JAUGE, DE LYON,

An 10, Vendé.	24	A Marchandises Générales.	7	1	2400
Frim.	4	A Duparc.	18	14	34000
					36400

JAMES, COMPTE A DEMI,

			fl.	s.			
An 10, Frim.	30	A Caisse, pour la traite sur Barkey.	5200		28	4	12000
	d°	A Idem, pour idem, sur Powel.	2062	10	28	4	4800
	d°	A Idem, pour idem, sur Thore.	1722	13	29	4	3750
Nivôse.	4	A Idem, pour idem, sur Powel.	5200		31	4	12000
	d°	A Idem, pour idem, sur Howre.	5100		32	4	12000
	d°	A Idem, pour idem, sur Paul.	4975		32	4	12000
		florins	24260	3		fr.	56550

Grand Livre. *Fol.° 7.*

AVOIR :

Date	Jour	Libellé	Fol.		Montant
An 10, Vendé.	29	Par Marchandises Générales........................	8	1	12000
Brum.	3	Par Caisse, pour prêt........................	9	4	1000
	18	Par Divers........................	13	»	1000
	28	Par Idem........................	16	»	10000
Frim.	19	Par Robert........................	19	9	12000
	14	Par Marchandises Générales	22	1	1400
					37400

Date	Jour	Libellé	Fol.		Montant
An 10, Frim.	3	Par Dupui........................	17	8	34000
Nivôse.	24	Par Caisse, pour solde........................	43	4	2400
					36400

Date	Jour	Libellé	fl.	s.	Fol.		Montant	
An 10, Nivôse.	1	Par Remises, pour la traite sur Hovi....	2500		29	6	5955	
	d°	Par Idem, pour idem, sur Williams.....	5250		29	6	12000	
	d°	Par Idem, pour idem, sur Lerouge......	6673	4	30	6	14500	
	3	Par Caisse, pour idem, sur Johnston.....	5250		31	4	12000	
	d°	Par Idem, pour idem, sur Lauterup	1650		31	4	3592	30
	d°	Par Idem, pour idem sur Rodrigues.....	1668	5	31	4	4200	
	24	Par James, d'Amsterdam, pour solde.....	1268	14	44	10	3819	33
	d°	Par Divers, pour solde	.....	..	44	»	1383	37
			24260	3			56550	»

Fol.° 8 *Grand Livre.*

PAUL, DOIT :

An 10, Vendé.	30	A Marchandises Générales, pour un tonneau vin....	9	1	1000

DUPUI,

An 10, Vend.	4	A Marchandises Générales..........................	1	1	4000
	30	A Idem..	9	1	1200
Brum.	7	A Divers, à lui prêté..................................	10	»	6000
	14	A Lettres et Billets à recevoir....................	12	2	1500
	19	A Divers..	18	»	3000
Frim.	3	A Jauge, de Lyon.....................................	17	7	34000
	5	A Caisse..	18	4	1000
Nivôse.	10	A Caisse, pour son tiers de marchandises.........	36	4	12000
	24	A Balance, pour solde.................................	48	15	17200
					79900

M. DE C.te A $\frac{1}{3}$ AVEC BRAI ET DUPUI,

An 10, Nivôse.	10	A Caisse, pour mon tiers..............................	36	4	12600
	12	A Divers..	37	»	1200
	12	A Divers..	37		27600
	12	A Profits et Pertes, pour solde......................	38	5	1800
					43200

An

Grand Livre. *Fol.*° 8

AVOIR:

An 10, Frim.	14	Par Lettres et Billets à recevoir.	22	2	1000

An 10, Vendé.	3	Par Marchandises Générales, pour sucre	1	1	1500
	29	Par Idem, pour vin	8	1	34000
Brum.	4	Par Lettres et Billets à recevoir, pour son billet	10	2	1000
	12	Par Caisse, reçu dudit	12	4	4000
	15	Par Lettres et billets à payer	12	3	4000
Frim.	8	Par Divers, pour un mandat	18	»	20000
	14	Par Idem, reçu sur l'escompte	22	»	1600
Nivôse.	12	Par Marchandises de Compte à tiers	38	6	13800
					79900

An 10, Nivôse.	11	Par Caisse	37	4	19200
	12	Par Idem	37	4	24000
					43200

Fol.° 9 *Grand Livre.*

DUPRÉ, DOIT.

An 10, Vendé.	5	A Marchandises Générales, pour sucre............	2	1	1500
	30	A Idem, pour savon............	9	1	1200
Brum	5	A Lettres et Billets à recevoir............	10	2	1000
	9	A Lettres et Billets à payer............	12	3	4000
Frim.	7	A Beaufour............	18	7	1000
Nivose.	16	A Marchandises de Compte à demi............	39	14	12500
	24	A Balance, pour soldé............	49	15	69300
					90500

ROBERT, DE PARIS,

An 10, Brum.	25	A Lettres et Billets à recevoir............	15	2	7200
	27	A Divers............	15	»	12480
Frim.	9	A Idem, payé pour son compte............	19	»	20000
					39680

BRAI,

An 10, Frimai.	6	A Lecouteulx............	18	10	10000
Nivôse.	12	A Divers............	20	»	7445
	10	A Caisse, pour le tiers dudit............	36	4	12000
	24	A Balance, pour solde............	48	15	115795
				fr.	145240

Grand Livre. *Fol.° 9*

AVOIR:

An 10, Vendé.	2	Par Marchandises Générales, pour vin............	1	1	4000
	29	Par Idem, pour idem....................................	8	1	12000
Brum.	13	Par Lettres et Billets à recevoir......................	12	2	1500
Frim.	14	Par Lettres et Billets à payer........................	22	3	3000
	26	Par Lecouteulx..	26	10	60000
Nivôse.	15	Par Marchandises de Compte à demi................	39	14	10000
					90500

An 10, Frim.	11	Par Lettres et Billets à recevoir.....................	20	2	12000
Nivôse.	24	Par Caisse, pour solde..............	43	4	27680
					39680

An 10, Vendé.	29	Par Marhandises Générales, pour vin...............	8	1	12000
Brum.	24	Par Lettres et Billets à recevoir......................	14	2	7440
	26	Par Idem...	15	2	12000
Frim.	23	Par Cargaison du navire la Joséphine..............	25	11	100000
Nivôse.	12	Par Marchandises de Compte à tiers................	37	8	13800
					145240

Fol.o 10 *Grand Livre.*

NAVIRE LA JOSÉPHINE, DOIT:

An 10, Brum.	22	A Divers, pour l'achat dudit	24	»	90000	
					90000	

LECOUTEULX, DE PARIS,

An 10, Frim.	26	A Divers, acheté pour son compte	26	»	61200	
					61200	

JAMES, D'AMSTERDAM,

An 10, Nivôse.	24	A James Compte à demi	44	7	2819	33
	d°	A Idem	44	7	691	69
	d°	A Balance, pour solde	47	15	26488	98
					30000	»

DUBORD,

An 10. Nivôse.	24	A Balance, pour solde	48	15	21500	
					21500	

Grand Livre. Fol.° 10

AVOIR.

Date	Jour	Libellé	Fol.		Montant	
An 10, Nivôse.	24	Par Balance, pour la valeur dudit	46	15	80000	
	d°	Par Profits et Pertes, pour solde	46	5	10000	
					90000	

Date	Jour	Libellé	Fol.		Montant	
An 10, Vendé.	11	Par Marchandises Générales	3	1	2000	
Frim.	6	Par Bray	18	9	10000	
	22	Par le Navire la Joséphine	24	10	30000	
Nivôse.	24	Par Lecouteulx, Compte à demi	44	6	1887	40
	d°	Par Idem, pour solde dudit Compte	45	6	2241	17
	d°	Par Balance, pour solde	49	15	15071	43
					61200	»

Date	Jour	Libellé	Fol.		Montant
An 10, Frim.	22	Par Navire la Joséphine	24	10	30000
					30000

Date	Jour	Libellé	Fol.		Montant
An 10, Nivôse.	13	Par Marchandises de Compte à demi	38	13	10000
	14	Par Idem	38	13	11500
					21500

Fol.° 11 *Grand Livre.*

CARGAISON DU NAVIRE LA JOSÉPHINE, DOIT :

An 10,					
Frim.	23	A Divers, pour chargement	24	»	156300
Nivôse.	19	A Idem	40	»	2000
	22	A Armement, pour l'évaluation du fret	42	13	20000
	23	A Profits et Pertes, pour bénéfices	42	5	57600
					235900

PIERRE,

An 10,					
Brum.	1	A Caisse	9	4	1000
	11	A Idem	12	4	3000
	29	A Divers	16	»	10000
Frim.	8	A Dupui	19	8	8000
Nivôse.	24	A Balance, pour solde	49	15	6000
					28000

MARIE BRIZARD,

An 10,					
Nivôse.	24	A Balance, pour solde	48	15	7500

MEYDIEU,

An 10,					
Nivôse.	24	A Balance, pour solde	49	15	48800

Grand Livre. *Fol.o* 11

					AVOIR :
An 10, Nivôse	19	Par Divers....................................	41	»	235900
					235900
An 10, Vendé.	1	Par Marchandises Générales,....................	1	1	3000
	29	Par Idem.......................................	8	1	8000
Brum.	6	Par Divers.....................................	10	»	6000
	8	Par Idem.......................................	11	»	10000
	16	Par Marchandises Générales.....................	13	1	1000
					28000
An 10, Frim.	23	Par Cargaison de la Joséphine..................	25	11	7500
An 10, Frim.	23	Par Cargaison de la Joséphine..................	23	11	48800

P 4

Fol.° 12 *Grand Livre.*

ASSURANCES, DOIVENT.

An 10, Nivôse.	24	A Profits et Pertes, pour solde	44	5	7000
					7000

COMMISSIONS,

An 10, Nivôse.	24	A Profits et Pertes, pour solde	43	5	2064
					2064

FRAIS GÉNÉRAUX,

An 10, Frim.	27	A Caisse, pour frais	26	4	5400
					5400

BEAUFOUR,

An 10, Vend.	30	A Marchandises générales	9	1	12000
					12000

Grand Livre. Fol.° 12

AVOIR:

An 10, Frim.	24	Par Lettres et Billets à recevoir.................	25	2	4000
	25	Par Idem...	25	2	3000
					7000
An 10, Frimai.	26	Par Lecouteulx, pour commission..................	26	10	1200
Nivôse.	12	Par Marchandises de Compte à tiers...............	37	8	864
					2064
An 10, Nivôse.	12	Par Marchandises de Compte à tiers...............	37	8	336
	14	Par Marchandises de Compte à demi................	38	13	1000
	24	Par Profits et Pertes, pour solde................	43	5	4064
					5400
An 10, Frim.	7	Par Dupré..	18	9	1000
Nivôse.	24	Par Caisse et pourr Solde........................	43	4	11000
					12000

Fol.° 13 *Grand Livre.*

DÉPENSES GÉNÉRALES, DOIVENT :

An 10, Frim.	27	A Caisse, pour dépenses	27	4	3000

ARMEM. DU NAVIRE LA JOSÉPHINE,

An 10, Frim.	28	A Caisse, pour l'équipage	27	4	42000
Nivôse.	19	A Divers	40	»	1900
	20	A Caisse, Compté au Capitaine	41	4	26500
	23	A Profits et Pertes, pour bénéfice	42	5	53600
					124000

MAR.ses DE CO.té A ½ AVEC DUBORD,

An 10, Nivôse.	13	A Dubord, pour sa demi	38	10	10000
	14	A Frais Généraux	38	12	1000
	14	A Dubord, pour sa demi, net produit	38	10	11500
	14	A Profits et Pertes, pour bénéfice et pour solde	39	5	1500
					24000

Grand Livre. *Fol.° 13*

AVOIR :

Date			Fol.		
An 10, Nivôse.	24	Par Profits et Pertes, pour solde.	44	5	3000

Date			Fol.		
An 10, Nivôse.	19	Par Divers.	41	n	39000
	20	Par Marchandises Génerales, pour fret	42	1	25000
	22	Par Caisse, reçu pour frêt.	42	4	30000
	22	Par Cargaison dudit Navire	45	11	20000
	23	Par Caisse.	45	4	10000
					124000

Date			Fol.		
An 10, Nivôse.	14	Par Caisse, pour vente.	38	4	24000
					14000

Fol.° 14. *Grand Livre.*

MARCH. DE COMPTE À DEMI AVEC DUPRÉ. DOIVENT :

An 10.					
Nivôse.	15	A Dupré, pour sa moitié	39	4	10000
	16	A Profits et Pertes, pour mon bénéfice	39	5	2500
					12500

ANDRIEU LAFITE ET BERN., DU CAP.

An 10,					
Nivôse.	19	A Divers	40	»	27000

DUBERGIER,

An 10,					
Nivôse.	19	A Divers	40	»	7000

DUPARC,

An 10,					
Nivôse.	30	A Marchandises Générales	9	1	34000

Grand Livre. *Fol.° 14*

			AVOIR:		
An 10, Nivôse.	16	Par Dupré, pour ma demi du net produit.........	39	9	12500
					12500
An 10, Nivôse.	24	Par Balance, pour solde.........................	49	15	27000
An 10, Nivôse.	24	Par Balance, pour Solde.........................	49	15	7000
An 10, Frim.	4	Par Jauge.....................................	18	7	34000

Fol.° 15 *Grand Livre.*

DUPIN, DOIT.

An 10, Vendé.	30	A Marchandises Générales	9	1	20000	

CAPITAL,

An 10, Nivôse.	24	A Balance, pour solde	50	15	182084	14

BALANCE DE SORTIE,

An 10, Nivôse.	24	A Marchandises Générales, pour celles en magasin	45	1	326000	
		A Navire la Joséphine, pour sa valeur	46	10	80000	
		A Caisse, pour ce qui me reste	46	4	39801	69
		A Lettres et Billets à recevoir	46	2	40000	
		A Lecouteulx, de Paris	49	10	15071	43
		A Andrieu Lafite et Bernard	49	14	27000	
		A Dubergier	49	14	7000	
					534873	12

Grand Livre. *Fol.° 15*

					AVOIR.	
An 10. Nivôse.	24	Par Caisse, pour solde	43	4	20000	
An 10. Nivose.	24	Par Profits et Pertes, pour mon capital net	46	5	182084	14
An 10. Nivose.	24	Par Lettres et Billets à payer	47	3	33205	
		Par James, d'Amsterdam	47	10	26488	98
		Par Jean	48	7	3000	
		Par Dupui	48	8	17200	
		Par Bray	48	9	115795	
		Par James, de l'Isle-de-France	48	6	4000	
		Par Dnbord	48	10	21500	
		Par Marie Brizard	48	11	7500	
		Par Meydieu	49	11	48800	
		Par Pierre	49	11	6000	
		Par Dupré	49	9	69300	
		Par Capital, pour solde	50	15	182084	14
					534873	12

Fol.° 16 *Grand Livre.*

MODÈLE DU CARNET

EFFETS A RECEVOIR.

DATES de RÉCEPTION.		VENDÉMIAIRE.	DATES d'échéance FIXE.		
Messid.	4	Billet de Jean, à mon ordre........................	14	R	2500
	10	Idem de Dufau, idem........................	20	R	1500
Thermi.	12	Idem de Philippe, idem........................	22	N	3849
Fructid.	15	Idem de Bernard, idem........................	25		4217

Nota. « On met une R devant la somme portée dans un billet dont on a reçu le montant, et qu'on a rendu à la personne qui l'a acquitté, pour avertir qu'on en a reçu le montant.

Lorsqu'on a négocié un billet à recevoir, on place la lettre N devant la somme portée dans ce billet, pour avertir qu'il est négocié.

Ainsi, il n'y a que les billets qui ne sont pas précédés de la lettre R ou N, dont le montant doit être reçu dans le courant de Vendémiaire.

Les billets à recevoir, qui échoient dans chacun des autres mois de l'année, ont un compte semblable à celui-ci pour chacun des autres mois.

Ainsi, on porte les billets à recevoir, dont l'échéance est en Brumaire, sur le compte ouvert au mois de Brumaire; ceux qui échoient en Frimaire, sur le compte ouvert au mois de Frimaire, et ainsi de suite; et on place une R, devant la somme de chacun à mesure qu'on en reçoit le montant, etc., comme pour le mois de Vendémiaire.

Grand Livre. Fol.o 16

D'ÉCHÉANCES.

EFFETS A PAYER.

DATES de SORTIE.		VENDÉMIAIRE.	DATES d'échéance FIXE.		
Messid.	2	Mon billet, ordre de Guillaume	12	P.	4700
	4	Idem, idem, d'André	14	P.	3500
	5	Idem, idem, de Pierre	15	P.	2400
	12	Idem, idem, de Bernard	22	P.	1600
	18	Idem, idem, d'Augustin	28	....	2450
Therm.	19	Idem, idem, d'Antoine	29	....	1756
	20	Idem, idem, de François	30	....	2456

Nota. On met la lettre P devant la somme portée dans chacun des billets dont on a payé le montant, et qu'on a retirés, pour avertir qu'il est payé, et qu'il n'y a que ceux dont les sommes ne sont pas précédées de la lettre P, qui sont encore à payer dans le mois, sur le compte duquel ils sont portés.

Les billets à payer, qui écheoient dans chacun des autres mois de l'année, ont un compte semblable à celui-ci, pour chacun des autres mois; on porte ceux qui écheoient en Brumaire, sur le compte ouvert au mois de Brumaire; ceux qui écheoient en Frimaire, sur le compte ouvert au mois de Frimaire, et ainsi de suite.

CONCLUSION.

Le journal est le livre essentiel, et offre seul des difficultés.

Ces difficultés consistent à trouver les débiteurs et les créanciers des articles qu'il faut y passer.

Tout le secret de l'art d'un teneur de livres, consiste donc à savoir reconnoître quel est l'individu ou quel est le compte qui reçoit l'objet dont on veut passer écriture, et quel est celui qui le fournit, afin de débiter le compte ou l'individu qui reçoit, et de créditer celui qui fournit.

Il faut néanmoins faire succéder la pratique à la théorie, pour former des sujets capables de tenir les livres de commerce d'un négociant.

Ainsi, lorsque les principes que j'ai établis sont bien conçus par les élèves, et qu'ils sont capables de les démontrer, il faut les leur faire mettre en pratique, en leur faisant passer écriture d'une suite complète d'affaires simulées.

En passant écriture d'eux-mêmes de ces affaires supposées, d'après les factures, ordres, missives, récépissés, lettres de change, billets à ordre, et généralement d'après les divers livres auxiliaires et tous les autres documens qui se rencontrent chez un négociant, comme pour des affaires réelles, et sans autre guide que les principes, les élèves rempliront exactement la tâche d'un teneur de livres. Ils se rendront en même-temps ces documens assez familiers pour que rien ne leur paroisse nouveau dans une maison de commerce; et ne feront en quelque sorte que changer de comptoir, lorsqu'ils entreront chez un négociant en sortant de chez un professeur qui aura su leur faire suivre cette méthode.

FIN.

ERRATA.

Page 10 de l'avertissement, ligne 7, induit à erreur; *lisez* induit en erreur.

Page 4, ligne 23, ou l'objet à qui on doit; *lisez* qui doit.

Page 12, article de marchandises générales, payable à 3 mois; *lisez*, payable dans le courant.

Page 120, au compte de vente et net produit, etc., il a été omis au débit l'article de Dubergier, qui se trouve compris dans l'article passé au journal pour la somme de 7000 francs.

Manière de rectifier les erreurs au Grand Livre.

Si on trouve au crédit d'un compte du grand livre, un article qui n'auroit pas dû y être transporté, il faut transporter ce même article au débit de ce même compte, pour annuler le crédit. Si l'article étoit, au contraire, porté par erreur au débit, il faudroit le transporter par contre au crédit. Enfin, si un article qui auroit dû être porté en un autre lieu, étoit transporté, par erreur, au débit ou au crédit d'un compte quelconque, il faudroit le transporter au côté opposé de ce même compte, et le rapporter ensuite comme il devoit l'être.

www.ingramcontent.com/pod-product-compliance
Ingram Content Group UK Ltd.
Pitfield, Milton Keynes, MK11 3LW, UK
UKHW021103230726
13926UKWH00004B/1994